中国校本教研与校本课程数字出版平台
中国校本教研网 www.schooledu.com.cn
◎特别推荐◎

SIZHENGJIAOXUE

思政教学的人文力量

戴晓华 著

江蘇教育出版社

图书在版编目（CIP）数据

思政教学的人文力量/戴晓华著. —南京：江苏教育出版社，2013.12

ISBN 978-7-5499-3358-7

Ⅰ.①思… Ⅱ.①戴… Ⅲ.①政治课—教学研究—高中 Ⅳ.①G633.202

中国版本图书馆 CIP 数据核字（2013）第 199860 号

书　　名	思政教学的人文力量
作　　者	戴晓华
责任编辑	林　琬　李佃云
出版发行	凤凰出版传媒股份有限公司
	江苏教育出版社（南京市湖南路 1 号 A 楼　邮编 210009）
苏教网址	http：//www.1088.com.cn
照　　排	润星之源文化有限公司
印　　刷	三河华润印刷有限公司
厂　　址	三河杨庄镇杨庄村
开　　本	787 毫米×1092 毫米　1/16
印　　张	14.25
字　　数	198 千字
版　　次	2013 年 12 月第 1 版　2013 年 12 月第 1 次印刷
书　　号	ISBN 978-7-5499-3358-7
定　　价	30.00 元
网店地址	http：//jsfhjy.taobao.com
邮购电话	025-85406265，85400774　短信　02585420909
E - mail	jsep@vip.163.com
盗版举报	025-83658579

前 言

回归政治课教育的本真

什么是教育？这是一个老话题、老问题了。作为教育工作者，我们都学过教育学，都知道这样一个十分简单明确的定义：广义的教育是指培养人的社会活动；狭义的教育是指学校教育，是教育者根据一定的社会要求，有目的有计划有组织地通过学校工作对受教育者的身心施加影响，促使他们朝着所期望的方向变化的活动。在这里，“培养人”“朝着所期望的方向变化”是关键词。

但是，回顾我们目前的中学教育，特别是高中教育，各学科教育教学活动是真正在“培养人”和“塑造人”吗？朝着所期望的方向变化了吗？可以这样说，“培养人”和“塑造人”已经只是一个表面的口号。换一句话说，这成为一个间接目的了。在很多学校，教育目的被“考试分数”所“绑架”——很多学校的教育教学活动，是为了让学生在中考、高考中取得较高的分数，其直接目的是升学率。“分，分，分，学生的命根；考，考，考，老师的法宝。”多少年来，我们并没有走出这句口头禅所描述的怪圈，没有走出应试教育的不良轨道。

这其实是因为我们没有很好地把握一个应该给予明确清晰答案的问题：教育到底是什么？教育的本真是什么？教育的真正意义在哪里？我们很多一线老师或许会给出一个这样的答案：教育是为了培养人嘛，给学生一个发展的机会嘛。但是在具体的教育教学活动中，我们可能又身不由己、背道而驰。在目前的教育体制下，我们大多数人都可能会持有这样一个观点：让学生在中考、高考中取得好成绩，考上所谓的重点学校，是为他今后更好的发展创造一个良好的机会。应该说，这种看法也是有一定道理的。的确，对很多中学生而言，没有中考、高考的成功，他今后的发展就可能会受到不利因素的影响。但是，是不是就像有些人认为的那样，学生没有考上重点学校，教育就失去意义了呢？显然不能这样看。这种看法之所以长期存在，根源在于没有真正搞清楚教育的本真。

下面，我们一起来了解这样一个基本事实：每年有六七百万的大学生走向社会就业，但有相当数量的大学生找不到符合自己要求的（专业对口）的工作。这当然是多方面原因造成的，但我们能不能就此说他们读大学没有用呢？同样不能。因为他们虽然暂时没有找到合适的工作岗位，但他们的素质在，他们的各种能力和精神在，这是他们将来成就各种事业、获得人生幸福的坚实基础。

我们很多政治老师可能经常会碰到这样的问题：在学校里，政治课并不会被学生重视，学生不会像对待语文、数学、外语等学科那样对待政治课。目前，社会上很多人对政治课也存在误解，认为政治课是只需要死记硬背的课，有些人甚至对政治课不屑一顾。当有人问起“你是教什么学科的老师”时，我们很多老师都很难理直气壮地回答：“我是教思想政治课的老师。”为什么会出现这么尴尬的局面呢？我想，一方面，长期以来，政治课程体系陈旧，内容与生活脱节；另一方面，教师的教学方法陈旧，学生学习被动；还有一个根本原因，就是我们政治课的价值功能没有很好地被认可，人文教育乏力。

我一直以为，我们的政治课是“三思而后行”的一门学科。“三思”是指思想政治课的思想性、思考性和思辨性；“行”是通过学科知识的学习，以正确的观念指导、改变自己的行为，让自己享受知识，开创幸福生活。这是高中政治课的魅力所在、生命力所在、人文价值所在，也是我认为的思想政治课本真之所在！

素质教育这种科学先进的教育理念提出很多年了，但它不能仅成为一些学校高喊的口号、某些学校贴的“时髦标签”。现实中，学校重智轻德，给学生的课业负担过重，影响了未成年学生的身心发展和健康人格的塑造，影响了他们人文素养的提高，已经成为一个不可回避的问题。

为切实转变教育观念，21 世纪初，我国已经开始实行新一轮基础教育改革（以下简称“新课改”）。从 2008 年秋季起，各地基本上都开始实行新课改。高中思想政治课作为一门重要的人文学科，在新课改中，人文教育实施情况到底怎么样？对加强学生人文教育在做哪些探索？有哪些经验可以借鉴？有哪些问题还有待我们共同解决？这些问题都需要引起我们的高度关注。

新课改实施后，我们的课程设置总体上分为 4 个必修模块和 6 个选修模块。教学内容也发生了很大变化，理论联系实际，“生活味”浓了，与时代进步的要求相统一了。政治课人文价值的功能将得到更好的挖掘。

近年来，本人在高中政治课教学的实践中，高举“人文政治课”的旗帜，尝试进行高中政治课的教育教学改革，在高中思想政治课人文教育的道路上进行了一些探索，有了一些零碎的感想和体会。这些东西是很不全面的，甚至是很不成熟的，但我的目的是“抛砖引玉”，希望更多的政治老师也加入到这个队伍中来——反思我们的政治课教育教学，共同挖掘我们政治课的人文价值，让我们的政治课更富有生命力，更有朝气！

书中，我力求将教育理论与教学实践相结合，在前人研究的基础上进一步探索，在教育考察和教学实践中不断反思。我根据调查并结合自己的教育教学实践，阐述了在高中政治课程中整合人文教育的理念与策略。全书主要包括前言、7 章内容和后记。前言指出了本书的写作背景。正文 7 章内容的整体思路为：第一章主要阐述人文精神、人文教育和高中思想政治课中人文教育的含义以及国内外人文教育研究的现状；第二章论述了高中思想政治课程与学生人文素养的关系；第三章通过调查与分析，指出了高中思想政治课实施人文教育存在的问题，分析了影响人文教育的因素；第四章提出了高中思想政治课人文教育存在问题的解决办法和对策，理论上提出了高中思想政治课加强人文教育的大方向——坚持“四项基本原则”；第五章论述了整合课堂内外资源包括教材和网络中的人文教育素材的探索；第六章重点探讨“以生为本”的政治课堂，在课堂教学中实施人文教育的实践探索和理论思考；第七章结合实践提出了符合新课改的培养学生人文素养的主要途径和方法。

将人文教育进行到底，为我们的教育教学改革贡献自己的一份力量！

目　录

第一章 人文教育：国内外教育研究共同关注的问题

长期以来，由于受经济落后等因素的影响，我国教育发展缓慢，教育理念落后，实行所谓“精英教育”。在追求高升学率的应试教育背景下，培养学生的人文素养不可能成为一种自觉的行为，教育研究中关注人文教育的自然就不多。学生人文素养的培养成为我国教育改革发展中一个备受关注的问题。

第一节 什么是人文精神与人文教育

从“给学生公布成绩排名”话题说开去——

我记得20多年前自己读小学的时候，学校从来不给学生成绩算总分、排名次，因而我们小时候学得开心、玩得舒心，全然没有现在学生背负的巨大精神压力和由此产生的种种心理问题。这可谓教育的真正“人性化”。近些年来，不知道是谁“发明”了“给学生公布成绩排名”的方法——不仅总分排名，而且单科也排名；不仅全班排名，全年级也排名；不仅全校排名，而且全县、全市排名。美其名曰：“给学生点压力，从而激励学生上进。”早些年，上海市正式出台“义务教育阶段不得公布学生成绩排名”的规定，后来各地也相继出台类似规定，可谓是教育“人性化”的回归，真正下了一场“及时雨”。但目前为止，执行的效果并不好。

从表面上看，“给学生公布成绩排名”似乎是名正言顺、顺理成章的事情。但我们根据实际情况进行深刻反思就不难得出这样的结论：这种做法连教育最基本的“人性化”原则都丢弃了。其一，未成年人不同于成年人，他们尚未成熟，正处于生长发育阶段，巨大的心理压力必然会影响他们的人格塑造；其二，学习成绩只是衡量学生的一个方面，学生的素质和能力不能单纯用考试分数来评价；其三，成绩名次信息本来就属于学生本人，如果将其公开无疑是对学生“隐私权”的侵犯，没有尊重学生应有的人格尊严。

应该承认，从我们教育者的角度看，给学生成绩排名是有一定意义的，但我们不能因为它有意义就抹杀教育的人性化。我们完全可以探索出能被学生接受的成绩公布形式，如老师通过电话、书信、电子邮件、QQ、微信、校讯通等形式单独告诉学生成绩，还可对学习成绩退步的学生提出建议和鼓励等。我想，这样的教育方法可能更有效、更符合“人性化”的要求。

这里我提出了一个值得大家思考的问题：给学生成绩排名也从一个侧面反映出我们教育理念的落后、教育教学质量观的“异化”、教育措施的简单化。作为教师，特别是政治教师，我们首先要明确人文精神与人文教育、高中政治课人文教育的内涵。其实世界上有很多国家是非常重视人文教育的，所以我们也要做一些了解。在教育教学中，如果人文教育的先进理念入脑入心的话，那么我们也就向真正回归教育的“人性化”迈进了一大步。

联合国教科文组织 21 世纪教育委员会于 1996 年发表的一个报告指出：“教育应围绕四种基本学习加以安排。可以说，这四种学习是每个人一生中的知识支柱：学会认知，即获得理解的手段；学会做事，以便能够对自己所处的环境产生影响；学会共同生活，以便与他人一道参加人的所有活动，并在这些活动中进行合作；最后是学会生存，这是前三种学习成果的表现形式。”[①] 从这里我们可以清楚地看出，教育的目的不能仅限定在使受教育者获得一定数量的知识上，而应将重点放在培养和开发他们的智能、使他们获得与人共处的能力和生存的能力上。换言之，教育还必须关注人与人、人与集体、人与社会的关系。而这些就必须通过使学生获得一定的人文素质的人文教育来实现。

普通高中教育是联系义务教育和高等教育的桥梁和纽带，在培养学生综合素质、健全学生人格、提升学生人文素质等方面具有重要地位和作用。长期以来受应试教育的影响，忽视学生本体价值地位的传统课程体系已经越来越不能适应现代社会对人才培养的新要求，新课改便应运

① 联合国教科文组织总部著，联合国教科文组织总部中文科译．教育：财富蕴藏其中［M］．北京：教育科学出版社，1996.

而生。

高中思想政治课程作为人文学科的重要组成部分，在新课改后更是蕴含丰富的人文属性。为了更加科学深刻地研究了解新课改中高中思想政治学科人文教育的状况，首先必须明确人文精神与人文教育的内涵和高中思想政治课人文教育的内在属性。

一、什么是人文

在实践科学发展观和构建社会主义和谐社会的今天，“人文”一词被广泛使用，但对“人文”的内涵和外延，学术界至今没有一个统一的界定。不同的研究者几乎都有不同的看法，会从不同角度阐释人文的含义。汉语中的“人文”一词的原始意义是与“天文”相对应的，表示与自然天象相对应的人类文明或文化。

“人文”一词最早出现在《周易》中。《周易》中说：“文明以止，人文也。观乎天文，以察时变；观乎人文，以化成天下。”因此，“人文”的基本含义就是“人文化成”，即用礼义（道德）文章教化天下，以达昌明。西方语言中的“人文”一词源于拉丁语词 humanitas。据文献记载，古罗马思想家西赛罗在阐述理想化的教育思想时为翻译希腊文 Paideia 用了 humanitas 这个词。Humanitas 在拉丁文中的本意是“人性”“人情”“万物之灵”；又与希腊文中的 Paideia（Paideia 相当于我们今天的“文化”“教化”“教育”）通用。西赛罗用 humanitas 来表达一种教育理想，即通过“教育”或“教化”使人获得完整的、圆满的“人性”；后来也用这个词来表示具体的课程体系，即古罗马时代人成为“公民”或“自由民”所必修的科目，包括哲学、语言、修辞、历史和数学等，所以 humanitas 又被译为“人文学科”。这就是“人文”和“人文学科”一词的西语来源。从中西方对“人文”的探源中，我们发现了一个共同之处：都与人类文明密切相关，都是用来使人成为理想的人，具备人类美好人性的人，成为真、善、美和谐统一的人。

人文是一个动态的概念。《辞海》中这样写道："人文指人类社会的各种文化现象。"我们知道，文化是人类或者一个民族、一个人群共同具有的符号、价值观及规范，符号是文化的基础，价值观是文化的核心，而规范，包括习惯规范、道德规范和法律规范则是文化的主要内容。人文是指人类文化中先进的、科学的、优秀的、健康的部分。其核心是先进的价值观，其主要内容则是先进的规范。对社会而言，尤其是先进的法律和制度规范；对社会成员而言，尤其是先进的道德和习惯规范；对青少年来说，首先体现在养成良好的行为习惯规范上。从文艺复兴的历史看，人文应该是重视人的文化。从概念上讲，可以这样认为，人文就是人类文化中的先进部分和核心部分，即先进的价值观及规范，集中表现为：重视人、尊重人、关心人、爱护人。简而言之，人文，即重视人的文化。

二、什么是人文精神

先来看看下面这个短文材料：

增强与父母的信任感

父母偷看了日记，很多同学往往采取与父母对立的态度，动辄与父母争吵，甚至一连几天不理睬父母，不与父母说一句话。尽管父母的做法不可取，但如果你没能很好地处理这件事，势必感到不快，影响到自己的学习和生活，加剧双方对彼此的不信任感。

当碰到这样的事时，不妨先反思一下自己的表现。比如，你会经常和父母说心里话吗？你在学校会勤奋学习、追求上进吗？你会与不三不四的人交往吗……反思自己就是要"将心比心"，弄清楚自己的所作所为是不是令父母放心，能不能取得父母的信任。作为父母，出于对子女的爱和高度的责任心，他们也渴望了解子女在各方面的表现，生怕子女不能健康成长。做子女的要了解父母的这种心理。其次，在理解和尊重父母的同时，又必须有理有节地指出父母的做法欠妥当。你可以主动地、开诚布公地与父母交谈，或者以写信的方式与父母交流，把你的所思、所感、所为告诉他们，以取得他们的信任，从而赢得他们的尊重。

当然，在平时的学习、生活和交往方面，我们自己必须严格要求自己，好好把握自己，做一个有责任心的现代人。只有这样，我们才能使学校和社会满意，令父母放心，真正增强与父母的信任感。

上述材料提出一个关键词——信任感，这其实也是人应该具有的内在人格品质。人首先要信任别人、尊重别人，才能得到别人的信任和尊重。父母与子女也是如此。在这里，信任与尊重可以看作是人文精神的一种表现。

人文精神一词源自西方，也可称作“人文主义”。它是西方哲学在2000多年探索一些不可解问题的过程中培育起来的一种精神。它包含3个元素，即人性，主要精神就是尊重人，尤其尊重人作为一种精神存在的价值；理性，以科学的意义来说，人是有思想有头脑的，能够思考真理、追求真理；超越性，以宗教的意义来说，人是有灵魂的，可以追问、追求生命的意义。从某方面而言，它叙述了人们在探索未知世界的过程中，不因前路迷茫而退却、追求真理、积极进取、坚韧不拔的精神。

现代人文精神可以说是一种自由的人文精神。它摒弃了几千年来封建社会对个人价值的漠视，把人当作宇宙间最高价值来尊重，肯定每个人存在于这个世界上独一无二的价值和意义，强调人在这个世界上人生价值的体现。人所追求的不仅仅是三餐温饱的外在条件，还应该追求更高尚的人生意义。但这种自由的人文精神必须建立在有序的人文平台上，每个人都应遵循一定的规则。在追求生命意义的过程中，人文精神能为自己、为自己的行为树立一个道德法则及目标，以此来约束并激励自己。

徐志坚在《人文精神的时代内涵与大学生人文素质培养》一文中指出：“人文精神的核心是人们关于‘人应当如何生活’‘人之为人的价值标准’等一系列命题的自我意识，这便是人文本体，人文本体是决定人文世界向正确方向发展的客观依据。”而人文本体——人文精神的核心也正是不同时代和历史背景下使用的人文精神的概念和内涵有所区别的关键。因此，在不同的时代，人文精神的特点和重点是不同的。它是在特定时代背景下人们的价值观、人性观和时代精神的集中反映。

因此，对“什么是人文精神”，不同的学者有不同的理解，目前还没有统一的定义。

人文精神针对的是现代进程中的西方中心主义、物质消费主义、技术工具主义，强调人文文化、自我实现和内心关怀，主张人的主体创造作用，主张民族自尊、自持、自决。从这个角度看，关于过去是否有人文精神的质问是没有意义的。

人文精神，简单地说，就是现在人们经常说的“以人为本”。以人为本的人文精神，包含了3个层面的意义：

首先，要以人的生命为本。我们传统文化中关于“命”的命题非常多，但是往往会把命与义相对立，儒家核心价值观强调“重义轻命”，对于人的生命的重视应该说是不太够的。

其次，要以人的发展为本。我们的社会远没有达到让每一个人都能实现自我发展的地步，人们大多还在为生存而挣扎。

再次，要以人的自我实现为本。人的需要是多层次、多维度的，最高层次当属自我实现这一维度。

我们认为，所谓人文精神，主要指执着地追求理想世界和理想人格，高扬人的价值，追求人自身的完善，谋求个性解放，并坚持理性，反对迷信和盲从。核心是贯穿在人们的思维与言行中的信仰、理想、价值取向、人格模式和审美情趣。因此，人文精神在本质上是以人为中心，强调人的情感、人的体验，求真、求善、求美的理性兼顾。

这里需要强调的是，人文知识和人文精神有明显的区别。人文知识指的是人类认识和改造世界、自身以及社会的经验总结；而人文精神则是指人文学科知识中人类主体的精神性成果，它存在于人的内心世界，是见之于人的行为及其结果。人文知识的载体主要是各种各样的媒体，如图书、报刊和网络等。人文学科知识可以从课堂上或者媒体中获取；人文精神的获得必须经过人文知识的整合、内化、长期积淀，成为人类主体意识、情感等的生命体验和善行，载体只在于人自身。因此，人文知识并不同于，更不能等于人文精神。拥有人文知识的人并不一定都具有人文精神。例如，当前有些大学生，甚至研究生，虽然知识丰富，学了不少人文知识，但不一定都具有相应的人文精神；相反，有些识字不多、文化程度不高的农民，虽然没有读过像样的人文课程，却经常表现出真诚、正直、善良、利他等人文素质。这告诉我们，体现人文精神的思想、情感和行动是需要在人文氛围浓郁的环境里长期熏陶感染、潜移默化的。当然，这并不是说书本上的人文学科知识不重要。有了人文学科知识，就为形成人文精神提供了广阔的理性知识背景。也就是说，人文学科知识一定要经过内化转变为人文素质，变为自身的意识、思想、情感乃至行动，也就是塞缪尔·斯迈尔斯所说的："知识、学问应该和善行结合。"[①] 只有这样，才能体现出"知识孕育精神"的真实意义，才能真正显示出人文知识应有的价值。

三、什么是人文教育

先来看看发生在10年前的我当班主任时的一个真实故事——他流泪了，动情了。透过它，我们可以感觉到作为教师，我们对学生正确有效的教育有多么的重要，我们也能对"什么是人文教育"会有更深的认识。

我班的海同学是从另外一个学校转过来的所谓"问题学生"，不做作业、打架，甚至逃学。他其实挺可怜的，父母因感情不和在他刚刚5岁时就分道扬镳了。他虽然被判给妈妈，但在妈妈身边的时间并不长。早先他是由爷爷奶奶带着的，近几年上初中了，与舅舅生活在一起。当我了解了这些情况后，就觉得他缺少爱，缺少关心和交流。面对这样的学生，如果不做好"长期作战"的思想准备，结果只会功亏一篑。我深谙未成年学生思想品德教育长期性和反复性的特点。老实说，对他，我还

---

① 塞缪尔·斯迈尔斯，刘曙光，宋景堂．品格——个人和民族的力量源泉［J］．党政论坛，1999，(11)．

没有失去信心。

虽然我平时没有放松对他的教育，但从没与他进行过一次真正的朋友式的平等交流。我决定走进他的内心世界，让他向我毫无保留地倾诉。“你想说什么就说什么，老师决不计较。”我首先向他保证。

“戴老师，您知道我的处境吗？我现在还清楚地记得，小时候爸爸经常打我。有一次，爸爸打得我从楼梯上滚下来。我死都不会忘记这件事情的。”他说话的语气强硬而激动，面带怒气。

“我非常理解你过去遭遇的不幸和心灵的创伤，我也为你的遭遇感到不平。但你要明白，过去的事情是没有办法改变的，那就让它过去吧。谁没有遇到过不幸和挫折呢？你要知道，挫折对于强者是磨刀石，对于弱者是绊脚石。”我极力地去劝解他。

“戴老师，我知道您说的话有道理。”“你既然知道我说的话有道理，为什么还要记着过去的事情呢？我真的希望你把过去都忘掉。如果不忘掉这些，你会一直没有办法快乐。咱俩一起努力吧！前段时间你的不好表现老师也可以忘掉，不再追究。请你相信老师。”

“我怎么相信老师？老师都是当面一套，背地一套。”“戴老师也是这样吗？你这样说，老师很难过。你想，你违反纪律时，老师放弃你了吗？老师希望你通过自己的努力改正错误。再说，老师向你舅舅或妈妈告过状，让你难堪了吗？”“没有。”他回答的语气缓和了些。“事实证明，老师是关心你的。其实，你家里人也希望你将来有出息。你好好努力，家里那边老师会去做工作，让他们多理解和信任你。”

不知不觉间，我与他的交流已近两小时。最后，我拿出笔，在一张信笺上写下了这样一行字：“尊敬的海舅舅，您好！近段时间，海同学在校有了较好的表现。希望您多与他沟通，多给他一些信任和鼓励，使他更加进步。谢谢！”

他接过信笺，看了看，没有说话。猛然抬头的一瞬，我发现他的眼角湿润了，眼泪刷刷地往下流。我从来没有见过他像今天这样流泪、这样动情。从他的泪水中，我明白他懂得了什么是理解、什么是信任、什么是关爱。

教育本来是人的教育，但是现在我们却看到它在不知不觉中放弃了育人的责任，消解了自己的本质，人的教育被忽略了，知识的教育、专业的教育被强化了。而教育一旦离开了人，离开了人的灵魂或精神，严格说来就不能称其为教育。正如雅斯贝尔斯所说：“教育是人的灵魂的教育，而非理智知识和认识的堆积。”从这个意义上说，教育的重要本质特征就是它的人文性。人文教育是不可以从教育中，包括高中教育中，抽出的，人文教育在高中教育中具有重要的基础性地位。

正因为如此，人们不断地呼吁加强人文教育。但是，对于加强什么样的人文教育，我们却面临着不同的选择和定位。一般来说，人们谈到的人文教育并没有一种确定的公认的含义，而常常表现出多种含义。最常见的有 3 种：一是人文主义教育，二是人文学科教育，三是关于“成人”的教育。

人文教育有多种表述。笔者认为，人文教育指对受教育者进行的旨在促进其人性境界提升、理想人格塑造，以及个人与社会价值实现的教育，其实质是人性教育，其核心是涵养人文精神。这种精神的养成一般要通过多种途径，包括广博的文化知识滋养、高雅的文化氛围陶冶、优秀的文化传统熏染和深刻的人生实践体验等。这一教育既重视由外而内的文化构成，更强调自我体悟与心灵觉醒。归根结底，它使人理解并重视人生的意义，并多给社会一份人文关怀，从根本上体现教育的本质与理想。

由此，可以从 3 个方面来理解人文教育的含义。第一，这一界定把人文教育视为使人“成人”的教育，把人的教育作为教育的灵魂贯穿教育的始终，反对教育中的实用主义、功利主义。关于“成人”的教育有不同层次的要求，最低要求是使人成为人；较高要求是使人成为较完整的人，即德、智、体诸方面得到全面发展的人；最高要求是使人成为一个完美的人，这当然是一种理想追求。人文教育的特点是以学生为本位，发展学生的特性，使学生有共性发展的空间。第二，这一界定把人文教育的根本目的确定为促进受教育者的人性境界提升、理想人格塑造以及个人与社会价值实现，不是为了培养专业工作者，而是一种非职业性的非专业性的教育，其核心是涵养和充实人文精神，而不是停留于获得有关的人文知识。第三，这一界定是用整体文化的视野与知行统一观来看待人文教育的。基于此，界定中提出了人文教育目的的达成过程，它是通过广博的文化知识滋养、高雅的文化氛围陶冶、优秀的文化传统熏染和深刻的人生实践体验达成的。在我国，人文教育所要培养的人文精神首先应体现为树立正确的政治方向、培养爱国主义精神、坚持集体主义价值取向和为人民服务的人生观；其次体现为以人为本的主体精神、创新精神和良好的道德意识，此外还包括良好的心理素质、文化品位和审美情趣等。

从宏观层面上讲，人文教育主要是传授人文知识、培养人文精神的教育。从微观层面上讲，人文教育即人性化教育，是通过人文的濡染与涵化，使人学会做人的教育。它旨在通过人文学科（包括文学、史学、哲学基础学科以及艺术学科等）的学习，使人不仅能获得人文知识，更能认识人的本质，建立价值体系，塑造精神家园。

第二节 高中思想政治课中人文教育的内涵

在了解了人文精神和人文教育的概念后，我们就必须来界定高中思想政治课中有关人文教育的内涵，以便于我们更加清晰地、有针对性地展开讨论与研究。

根据《普通高中思想政治课程标准（实验）》（以下简称“新课标”）的规定，这门课程的性质是：“高中思想政治课进行马克思列宁主义、毛泽东思想、邓小平理论和‘三个代表’重要思想的基本观点教育，以社会主义物质文明、政治文明、精神文明建设常识为基本内容，引导学生紧密结合与自己息息相关的经济、政治、文化生活，经历探究学习和社会实践的过程，领悟辩证唯物主义和历史唯物主义的基本观点和方法，切实提高参与现代社会生活的能力，逐步树立建设中国特色社会主义的共同理想，初步形成正确的世界观、人生观、价值观，为终身发展奠定思想政治素质基础。高中思想政治课与初中思想品德课和高校政治理论课相互衔接，与时事政策教育相互补充，与高中相关科目的教学和其他德育工作相互配合，共同完成思想政治教育的任务。”

根据新课标的规定，现今普通高中思想政治课开设的主要课程内容有：高一年级开设经济常识课，高二年级开设哲学常识课，高三年级开设政治常识课。目前，新课改已经在全国展开。江西省高中新课改是从2008 年秋季高一年级起在各地市同时进行的。依据新课标的规定，高中思想政治课设置的课程内容有经济生活、政治生活、文化生活和生活与哲学等必修课程，另外还开设有 6 种选修课程，分不同的年级段实行。

它们是科学社会主义常识、经济学常识、国家和国际组织常识、科学思维常识、生活中的法律常识和公民道德与伦理常识。

选修课的设置更加体现了“以人为本”的精神，选修课是对必修课程教学的延伸和扩展，是体现课程选择性的环节。它使学生可以根据自己的特点、兴趣、爱好以及多元智能结构等个性因素选择适合自己的课程。

人文教育是现代教育的重要组成部分，它的根本目标是让学生做全面进步发展的现代人。也就是通过提高人文素质使人活得更自觉、更高尚、更高雅，使现代人拥有更开阔的心胸，更加重视精神追求。很显然，从高中思想政治课程的性质以及基本理念来看，这门课程不仅要传授给学生具体的知识，还要对学生进行人文教育，培养高中生的人文精神，这既是新课改的要求，也是教育教学的本质所在。

由此，笔者认为，高中思想政治课人文教育是指高中政治课教师遵循教育的本质和规律，根据新课标的要求，通过高中思想政治课程内容的教学，培养人，塑造人，使高中生具有较高的思想品位、道德水准、心理素质、思维方式、人际交往能力，以及情感、人生观、价值观等个性品格。

因此，人文教育对于人的社会化具有十分重要的价值。从某种意义上来说，人文素质教育是贯彻全面发展的教育方针在新的社会历史条件下的合理体现，是素质教育的本质特征之一。

第三节 国内外人文教育研究的现状

人文教育（或者称作“培养人文素质”“人文精神”）最早可以追溯到我国古代。而在西方，人文教育主要盛行于文艺复兴时期。当时人们从封建等级和神权统治下逐渐解放出来，有了思想的自由和个性的解放，有了对平等、民主的认同和追求。因此，在基础教育阶段，西方国家对人文教育非常重视，在这方面的研究起步较早，成果也较多，有很多经验值得借鉴。

在改革开放和建立、完善社会主义市场经济体制的过程中，如何使物质与精神和谐发展？如何安顿人们的心灵家园？从 1993 年开始，我国文学界、哲学界、教育界对这些问题先后进行了理论探索，也引发了人文精神的大讨论。

1996 年，张楚廷教授、陶德麟教授、杨叔子教授、罗国杰教授等联合推出《大学人文素质教育丛书》，就“哲学、伦理、艺术等知识如何有效地完善人的素质”及“大学人文精神如何构架”等问题进行了科学的指导和系统的阐述。1998 年，杜时忠博士推出了《人文教育论》。他在书中回顾了人文教育的轨迹，论述了人文教育的理念，提出实行人文教育的有效方法是科学教育与人文教育的融合，确信教育的出路在于加强人文教育。

教育界不仅从理论上进行研究，而且进行了人文教育的实验，取得了一定的成绩。几年后，人文教育、教育的人性化、教育的人文意义与价值逐步成为我国教育理论研究的主流。

20世纪末，由于不完善的市场经济产生的负面作用，大学扩招使“精英教育”逐渐向大众化方向发展，部分大学生的素质下滑，引发大学实行人文教育的讨论“升温”，人文教育研究蓬勃发展起来。21世纪初，随着新一轮基础教育课程改革的开展，教育者开始关注人文教育，反思自己的教育方法，反思自己的教育思想，反思教育的价值。教育必须对学生终身发展服务，教育必须提升学生的人文素质。所以，对于“什么是人文教育”“人文素质的重要性”等基本问题，研究还是比较多的。同时，研究在基础教育课程中如何培养学生人文素质的课题也取得了初步成果。

2001年，陈思和教授主编、出版了全日制普通高中地方选修教材《人文知识读本（试用）》，就高中生应该具备哪些人文素质及如何培养、提高学生人文素质等问题进行了探索。他认为高中生的人文素质包括熟悉艺术的基本特征及美的艺术境界，具有一定的审美能力；思考人生，正确认识自我，明了爱的意义，把握人性的弱点，营造良好的人际关系，关心自然；认知传统，把传统与现实结合起来，建立当代人的精神家园。指出艺术、人生、传统是提高人文素质、丰富人文精神的三大台阶，而登上台阶的途径是读书。

2002年，夏中义教授主编的大学人文读本系列《人与自我》《人与国家》《人与世界》出版，该套丛书强调大学生要强化自我感，关心国家、世界，做一个现代国民、世界公民，对大学生该如何做人进行指导，缓解大学生们的人文渴求。2003年，夏中义教授又推出《大学人文教程》，围绕“无边消费主义”“历史虚无主义”“狭隘民族主义”对大学生“精神成人”的巨大负面影响展开讨论，回答大学生“成长的烦恼”问题，帮助大学生构建“精神免疫系统”。

无论在国内还是国外，人文教育的盛衰都与社会的大背景息息相关。过去一些发达国家不重视教育的人文价值，出现了道德水准下降、个人主义不断膨胀、社会责任感大为减退等一系列社会问题。鉴于此，美国、日本、新加坡等国家提出要重视人文教育，并且采取了一系列的措施。

美国基础教育中的科学课程无论从政策方面还是具体的科学内容、科学标准方面都深刻地体现了科学的人文教育。美国小学生要打的基础是做人的自信、诚实、善良、公正、包容，以及独立自主的意识，也就是说，他们从小就学会了美国文化的核心价值，而不是学习为这个核心价值服务的知识。

日本中小学特别重视德育的体验教育，强调通过实践体验活动培养锻炼学生，让学生认识自然，体验社会生活，提高道德实践能力，以培养适应现代社会需要的人才。新加坡的人文教育主要是国民教育，其内容主要包括国家意识教育、公民道德教育和儒家伦理教育。

思想政治课有其特殊性，高中阶段又是学生的黄金时代，是他们世界观、人生观和价值观逐步形成发展的关键时期。因此，高中政治课如何培养学生的人文素质，发挥其应有的价值和功能，就不能不引起广大高中政治教师和一些研究者的关注。特别是最近全国各地都在推行新课改，关注、研究如何进行人文教育，以便更好地推动新课改，是题中应有之义。最近研究的成果主要有：

（1）理论上阐述了人文教育的重要性和价值；

（2）分析了思想政治教育与学生人文素质培养的关系；

（3）提出了一些加强人文教育的措施；

（4）对人文教育进行了一些历史考察；等等。

总体情况是：高中思想政治课中人文教育理论与实践的研究刚刚起步，尽管已经取得了一些成果，但还是不够成熟，在理论研究和定性分析上做得较好，在实证研究上还存在明显的不足。

由此可见，古今中外，人们对于人文主义、人文精神、人文教育都进行过一些探讨。当前大学人文精神教育研究取得了一定的成绩，但高中思想政治课中的人文精神教育研究成果很少，更没有一套系统的研究成果，研究太泛，没有突出其学科的特殊性，没有紧密结合高中思想政治课程体系，而在新课改背景下进行实证研究的就更少了。笔者在整理有关资料进行文献研究的基础上，结合自己的课改实践形成了自己的研究思路，在人文教育方面进行了一些探索。

在高中教育阶段，思想政治课是实现学校德育的主渠道。由于课程性质的特点，它在人文教育中占据特殊地位。因此，它应该率先承担起人文教育的重任。广大高中政治课教师要彻底摒弃不科学的教育思想观念，以新课改为契机，改革教育教学方法，注重人文精神渗透，立足于人文素质提高，并通过社会、学校、教师、家长的共同努力，使高中生在良好的人文教育氛围中，耳濡目染，潜移默化，逐步全面提升自己的人文素质，为自己进入高一级学校深造、步入社会工作打下坚实的人文基础，做合格的社会主义现代化的建设者和可靠接班人。

附：

对一封来信的解读

光阴荏苒，岁月如梭，不知不觉走上讲坛已快九年。学生学到的知识增多了，也逐渐地成熟起来。有的考上大学，到高校继续深造；有的走上了工作岗位，为自己，也为社会贡献着力量。总之，都在追寻着属于自己的青春梦想。

在我的抽屉里珍藏着几封学生的来信。其中有一封是上届学生凌游同学（被甘肃农业大学录取）寄来的。这封信寄托着一位学子对老师、对母校的无限深情。透过它，我感受到一位热血青年的理想和追求，体会到作为一名普通政治教师的职业幸福感。现摘录一些内容加以解读，也许会让我们的青年学生有所启迪和感悟。

片段一：尊敬的戴老师，您好！最近二中怎么样，生源情况还好吗？……

[解读] 2002 年我校被取消高中招生后，只留下初中部。2003 年秋季恢复高中招生后，高中部被重新办起来了。但是，一开始社会上对二中不太了解，虽然报考我校的考生很多，可总体生源质量并不太好。录取到二中的学生，中考总分排名都在全县 700 多名之后。但这只能说明学生学习基础差些，其实很多学生都有自己的特长，而且都是怀揣着梦想来读高中。通过几年探索，学校规范、科学而有序的管理水平和良好

的教学水平得到了社会广泛认可，报考我校的考生持续增多。

片段二：大学并不是想象中的象牙塔，上大学同样需要刻苦学习，而且需要面对4年后的就业问题……

[解读] 高中到大学是人生的一个重要转折期。有些高中生向往大学美好的校园生活，把大学比作“象牙塔”，认为上了大学后就可以无拘无束，学习上也可以放松了。有些学生不太适应大学的生活、学习，浪费了大学的美好时光。但有的学生能很快适应，并开始慢慢思考自己将要面对的现实问题，如就业等。在大学里，一方面应该努力学好自己的专业知识，另一方面应该积极地参加社会实践活动，提高自己各方面的能力。

片段三：大学生都是跨过独木桥的精英，个个满腹经纶。在这里，你会发现自己很平庸，会感到自卑，会不由得产生一种失落感。理想与现实的差距真是大呀！

[解读] 经过高考选拔而进入大学学习的都是综合素质很不错的学生。在高中阶段被老师当成“宝”的学生，在大学里可能显得很平凡。要想顺利实现从高中生到大学生的角色转换，一定要正确地认识自己。俗话说：“人贵有自知之明。”自己的优点要发扬，不足之处要学会克服，学着改进。自卑是不可取的，毕竟“人无完人，金无足赤”。凌游同学能够正确认识自己，也能真实感受到理想与现实的差距，实属难能可贵！

片段四：……但有时候也会感到欣喜。因为大学里有浩瀚的知识海洋，有藏书丰富的图书馆，有知识渊博的教授，更重要的是，学生有可以自由支配的时间学到很多知识。

[解读] 大学是知识的殿堂，是人生辉煌之路的起点。现在有些大学生不懂得知识的重要性，到最后发出“书到用时方恨少”的感慨。相比之下，大学里自由支配的时间更多，但如何充分合理地利用这些时间，而不至于虚度年华，是值得每位学子深思的问题。充分利用时间，结合自己的特点，发扬刻苦钻研的精神，在大学里就能学有所成。

把这封信的一些话摘录出来加以解读，一方面是为了让现在的高中生珍惜时间，勤奋学习，提高自身人文素质，适应将来的大学学习与生活；另一方面也想给刚入大学的学生一些忠告和启迪。作为一名教师，收到学生来自远方的问候，字里行间感受到自己学生良好的精神风貌，是一件值得高兴且有意义的事情。

第二章 教育目标：思想政治课程与学生人文素养

新课改的一个根本目的就是“以人为本”，真正促进高中生的发展。他们有对完善自己的追求，有对真善美的追求，体现在一个人对自己、他人和社会的认识、态度和行为准则中。因此，正确把握高中思想政治课程与学生人文素养的关系，对于自觉地认识、实施人文教育，具有重要意义。

第一节 时代发展、社会进步对青年学生人文素质的要求

从“别让学生心灵‘偏食’”说开去——

曾经有个学生写信给我，说他由于从小学习成绩好，被长辈娇宠惯了，只听到他们说他好的话，从来没有听到过批评他的话。这就导致他有很多的缺点，比如，听不进别人对他的意见，一旦听到别人说他的“坏话”，他就觉得是人家跟自己过不去，心情总是难以平复。另外，自己独立生活的能力也不如别人。我想，他的遗憾和抱怨是这种缺乏批评的赏识教育造成的。

应当承认，当前提出的赏识教育以肯定和尊重学生为前提，激发学生的自信心，符合学生心理发展的规律，是值得我们提倡的。但赏识教育并不是完美无缺的，它并不适用于所有的人。我认为，批评是弥补赏识教育缺陷的一种重要而有效的补充。如果只有赏识的教育，而没有批评的教育，就不是真正的科学有效的教育。

常言道：“金无足赤，人无完人。”当学生有问题或犯错误时，就不能不对他提出严肃的批评。当然，批评是一门学问，是一门艺术，需要我们在平时的教育工作中好好研究和总结。如何处理赏识教育和批评的关系呢？我的原则是：对平时表现好的学生多些批评，对表现稍差的学生多些赏识；对犯错误的学生提出批评时，先要对他进行赏识教育；当错误带有一定的普遍性而没有必要当面批评时，在班上及时分析错误的性质和危害；必须要批评学生时，尽可能不当着大家的面批评。总之，

要处理好两者的关系，否则学生的心灵就可能严重“偏食”，影响到健康人格的塑造。

人文性是高中思想政治课的重要特征。这要求教师在教学过程中以学生为本，教学要以学生的发展（包括知识、能力、个性、情感、态度、价值观、创造性等）为出发点。但这并不意味着迁就学生、只有肯定没有否定、对学生只有赞赏没有批评。教育教学过程中，教师要正确处理师生之间的关系。

胡锦涛同志在“十七大报告”中提出：“加强和改进思想政治工作，注重人文关怀和心理疏导，用正确方式处理人际关系。”“动员社会各方面共同做好青少年思想道德教育工作，为青少年健康成长创造良好社会环境。”[①]“人文关怀”的字眼出现在党的代表大会报告中是以前没有过的，这充分表明领导人在治理国家、关注民生时，更加重视人文及人的心理影响。所谓人文关怀，实际是对人进行人文精神的关照、牵引和培育，是对人的生存状态的关注，是对人的尊严和符合人性的生活条件的肯定，是对人的解放和自由的追求。

“十八大报告”中同样提出了很多要求，为我们学校加强思想道德建设和人文教育提供了指导。主要有以下三方面的内容：

(1) 加强社会主义核心价值体系建设。社会主义核心价值体系是兴国之魂，决定着中国特色社会主义发展的方向。要深入开展社会主义核心价值体系学习教育，用社会主义核心价值体系引领社会思潮、凝聚社会共识。推进马克思主义中国化、时代化、大众化，坚持不懈地用中国特色社会主义理论体系武装全党、教育人民，深入实施马克思主义理论研究和建设工程，建设哲学社会科学创新体系，推动中国特色社会主义理论体系进教材、进课堂、进头脑。广泛开展理想信念教育，把广大人民团结凝聚在中国特色社会主义伟大旗帜之下。大力弘扬民族精神和时代精神，深入开展爱国主义、集体主义、社会主义教育，丰富人民精神

---

① 胡锦涛．高举中国特色社会主义伟大旗帜，为夺取全面建设小康社会新胜利而奋斗［M］．北京：人民出版社，2007.

世界，增强人民精神力量。倡导富强、民主、文明、和谐，倡导自由、平等、公正、法治，倡导爱国、敬业、诚信、友善，积极培育和践行社会主义核心价值观。牢牢掌握意识形态工作领导权和主导权，坚持正确导向，提高引导能力，壮大主流思想舆论。

（2）全面提高公民道德素质。这是社会主义道德建设的基本任务。要坚持依法治国和以德治国相结合，加强社会公德、职业道德、家庭美德、个人品德教育，弘扬中华传统美德，弘扬时代新风。推进公民道德建设工程，弘扬真善美，贬斥假恶丑，引导人们自觉履行法定义务、社会责任、家庭责任，营造劳动光荣、创造伟大的社会氛围，培育知荣辱、讲正气、作奉献、促和谐的良好风尚。深入开展道德领域突出问题专项教育和治理，加强政务诚信、商务诚信、社会诚信和司法公信建设。加强和改进思想政治工作，注重人文关怀和心理疏导，培育自尊自信、理性平和、积极向上的社会心态。深化群众性精神文明创建活动，广泛开展志愿服务，推动学雷锋活动、学习宣传道德模范常态化。

（3）把立德树人作为教育的根本任务，培养德、智、体、美全面发展的社会主义建设者和接班人。全面实施素质教育，深化教育领域综合改革，着力提高教育质量，培养学生的社会责任感、创新精神、实践能力。

在经济全球化进程中，多元文化之间的冲突、融合，其核心是价值和价值观的冲突、融合。人的生存方式的多样化选择已成为不争的事实，其选择的多样性也存在着价值冲突，这给人文精神的建设带来若干难题。解决这些难题的根本就是要构建新的人文精神。

强化科学文化知识以及人文品质的培育反映了当前的时代要求，适应了全面发展的需求，是高中思想政治教育的重要内容。提高高中生的人文素质，既有助于他们全面提升自己的综合素质，又有助于他们适应社会生活的发展要求，同时，这也是实现教育目的的重要一环。

一、构建符合社会主义市场经济体系价值观的需要

中国有5000年的文明发展史。中华优秀传统文化铸就了中华民族独有的人文精神。近几百年来，特别是鸦片战争后，中华民族为了救亡图存，改造旧社会，争取民族解放和独立，在引入西方先进科技成果的同时，也曾经出现了对祖国传统文化全盘否定的过激倾向，认为“月亮也是外国的圆”。改革开放和发展市场经济以来，我国社会政治大为宽松，个人更加自由，尊严和价值越来越受到重视和关注。但与此同时，人们信仰科学，崇拜科学，也迷信科学，片面地认为科学可以解决一切。当时就有这样的说法：“学好数理化，走遍天下都不怕。”从这里可以看出，人文科学受到冷落。同时，市场经济的不完善和贫富差距的拉大又使人们把关注的焦点集中到经济活动层面上来，导致急功近利，缺乏长远目光，不关心未来的发展。新旧价值体系转型之际，拜金主义、享乐主义和极端个人主义等腐朽思想乘虚而人，对涉世不深的高中生产生了不良影响，也造成了当代部分高中生整体素质不高、人文精神贫乏的现状。

近几年出现了这样一种说法，随着市场经济的形成和完善，人文精神非但不会沦丧，而且会不断得到弘扬，现在出现的问题只是市场经济初期不完善、不发达的产物。根据历史事实和这些年的经验教训，我以为这只是一些人良好的愿望，或者只是一些人编造出来的神话而已。一个貌似有理的论据是：“人都离不开精神生活。”随着物质条件的改善，人们自然会注重精神生活；反之，人文精神的存在和弘扬也离不开物质基础，没有一定的物质条件，艺术和学术活动也无法展开。的确，除了白痴和植物人，任何人都必须有精神生活。就是只讲究吃喝的人也会注意食品的色彩、口味或营养以外的方面，只是不同的人所追求的精神生活截然不同。但是市场经济不会自发产生人文精神，西方的历史进程已经证实了这一论点，而这一定也同样适用于中国。

按照市场经济发展的一般规律，在它的初创时期，往往会出现物欲

膨胀和制度缺损等现象，人文精神的建设显得尤为困难。我国社会主义市场经济体制的建立和发展，同样充满艰辛，但也取得了令世人瞩目的成就。进入21世纪的中国，社会物质基础已相对充裕，制度亦相对完善。在进一步完善的社会主义市场经济现实环境中，人文精神建设的条件也已经具备。因此，在思想政治课教学中加强人文素质教育，是社会主义精神文明建设的重要组成部分。建设社会主义精神文明的目的，就是培养有理想、有道德、有文化、有纪律的社会主义新人。在高中政治课中进行人文素质教育，通过人文知识的传授告诉学生：人是什么，人为什么活着，应该以什么样的态度面对人生，如何确定目标和实现目标，等等。这种教育实际上已经超出一般思想政治课知识的传授范围，而趋向更高层次的文化精神传授。它使每个受教育者在这种高级的精神传授中受到灵魂的震撼、意识的启迪，从而内化为一种精神，自觉树立科学的世界观、人生观和价值观，培养健康的人格、高尚的情操和开拓进取的人生态度。

要真正建立符合社会主义市场经济体系的价值观，必须充分利用高中思想政治教育的学科特色，发挥它在人文教育中的独特作用，加强对高中生的教育，提升他们的人文素质，以便带动全社会的人文建设。

二、转变教育观念、推进素质教育、提高国民素质的需要

现行的教育体制存在一些弊端，应试教育思想根深蒂固，高中教育忽视人文素质教育，这些是造成当今部分高中生人文素质不高的重要原因。

受制于目前的考试制度和人才选拔制度，学校课程设置高度“科学化”。这主要表现在两个方面：一方面，部分高中学校为了追求高升学率，不按照教育行政部门的要求开设课程，搞学科歧视，只开设高考科目，增加高考科目的课时，很早就进行文理分科。这就导致高中思想政

治课大幅度“缩水”，特别是在理科班，思想政治课即使开设也常常流于形式。即使在文科班，为了让学生在高考中取得好的成绩，同样片面地强调科学方法、知识体系，忽视人文方法、人文教育。这就使得思想政治课的人文性色彩被功利性的应试成绩所掩盖。另一方面，个别学科教师错误地认为，思想政治课的开设没有现实意义，所做的人文教育当然也就无法深入人心。在现实中，学校和社会也很功利，把升学成绩作为衡量一个思想政治教师教学水平高低的唯一标准，无疑又助长了这一倾向。另外，在教育教学实践中，有些教师不能科学正确地认识和处理“教书”与“育人”的辩证关系，只教书不育人，常常把两者割裂甚至对立起来。教育思想的落后直接影响了高中生人文精神的培养和提高。

在社会发展过程中，提高国民素质具有极其重要的价值。国民素质是社会现代化的基础，是社会经济发展的保证。有了国民的现代化，才会有国家的现代化。有了高素质的国民，才会有国民经济高速、健康的发展。基础教育，特别是高中教育，是提高国民素质的关键环节，因为接受了三年高中教育后，一部分人进入高等学校深造，在高中如果受到了良好的教育特别是人文教育，将为他们科学的人生观、价值观、世界观和健全人格的形成打下良好基础，促进他们的发展；另一部分人进入社会，成为各行各业的劳动者，对于其中相当一部分人来说，这意味着正规学校教育的终结。那么，在高中阶段形成的思想道德观念将可能成为影响他们一生的主体观念。他们能不能成为合格的劳动者，能不能拥有进一步发展的人文素质基础，高中教育至关重要。因此，在高中阶段全面提高学生的人文素质，能够使学生们清楚地认识到个人与社会、个人与国家的关系，清楚地意识到个人的价值与尊严、权利与义务，清楚地了解自由与民主、平等与公正，真正地具有现代国家理念与现代公民意识，使他们具有较强的社会适应能力，顺利地成为具有较高素质的劳动者和专门人才。

在思想政治课教学中加强人文素质教育，可以促使学生形成正确的价值观和优良的道德品质。人文素质在高中生的价值观和道德品质形成中的作用，表现为学习、理解、掌握正确的价值观和科学的道德理论体系，从而对自身的价值观和道德实践起重要的指导作用。一个人如果对社会所倡导和推行的价值观、道德原则和道德规范缺乏了解、理解和掌握，对自身的行为和道德责任没有充分的认识，就不可能形成正确的行为和习惯。因此，在高中思想政治课教学中加强以思想道德为主导的人文素质教育，是提高学生人文素质的重要途径，也是转变教育观念、推进素质教育、提高国民素质的需要。

三、提高学生适应社会生活、放眼世界能力的需要

爱因斯坦说过一句很耐人寻味的话："什么叫素质？当我们把在学校里学到的东西全部忘掉之后，剩下来的就是素质。"他所强调的"素质"实际上就是人文素质。因为在学校学到的学科知识如果不用，往往会被大部分甚至全部遗忘，但在学习过程中，逐步内化为自己精神的一部分的人文素质却始终如影随形，伴随自己走过漫漫人生路。孔子说人生有三件大事——立德、立功、立言。三者之中，"立德"是"立功""立言"的基础，无德之人，遑论建功立业、著书立说？一个想有所成就的人必须把人格道德放在第一位。大量事实证明，一个人美好精神的形成、高尚道德的塑造、伟大人格的升华、千秋功业的成就，无不得益于人文素质的培养。人文素质的提高，将全面提高学生的综合素质。具体来说，较高的人文素质能引导学生正确地认识自我，科学地对待自我，敢于直面人生，不因暂时的困难怨天尤人，不因一时的挫折灰心丧气，坚强自信，开拓进取；能教学生如何做人，尊重宽容，热情诚信，扶危济困，悯弱怜贫，为自己营造良好的交际氛围；能激励学生忠于集体，热爱国家，敬业奉献，为成为一个好公民、好职工打下良好基础；能促使学生转变思想，尊重自然，珍惜环境，关心世界，保护地球，成为具有良好环保意识的世界公民；能推动学生刻苦求知，严谨治学，开阔心胸，强化民族意识、忧患意识，特别是能强化学生的创造意识与创造能力。只

有人文素质高的人才能真正成为目标远大、思想高尚、潜心研究的人，才能把突破、创造视为其乐无穷的事情，才能献身于自己的研究。从这个角度来说，人文素质是激发创造能力的根本动力。

放眼世界，社会的发展日新月异，不经意间，世界成为数字化地球村，人们成了世界公民。当我们习惯性地打开电视，世界各地的大事便纷纷进入视野。当我们关注各种信息，世界经济全球化的影响便一目了然：2008 年世界金融危机导致世界经济动荡不安，经济发展速度明显放缓；巴以冲突升级，导致世界油价上涨；朝鲜不顾国际社会的反对和谴责，进行导弹和核试验，给亚太地区乃至世界和平与安全构成威胁……同时，人们也发现，现在世界面临的很多问题，如制止战争、反对恐怖主义、禁止毒品、保障人权、保护生态、控制人口、应对金融危机、缩小贫富差距等，已经不是一个国家能独立解决的，需要全世界共同努力来应对。

因此，要提高学生的人文素质，使学生拥有全球视野，鼓励他们从全球化角度思考一些世界性的问题，引导他们了解他国、了解世界，培养初步的世界公民意识。世界公民作为世界的一员，需要积极参与人类的共同生活，需要对多样性的世界文化采取尊重与包容的态度，并具有共同的基础价值观和文化判断力。

第二节　高中思想政治新课改的基本理念和新目标

一、新课改应符合素质教育的要求，过好三关

一是过好教师素质关。素质教育，首先教师（包括校长等管理者）要有素质，这是适应新课改的前提条件。学生被教师影响着、改变着、塑造着，教师如果没有科学的教育思想，没有与时俱进的创造精神，不可能造就出高素质的学生来。现在的生活环境与过去大不相同了，大部分教师的知识结构需要更新，教育观念需要转变，这就要求我们的教育不能走形式、走过场，否则产生不了效果。现实中，很多教师甚至优秀教师都是靠“逼”学生，磨出考试成绩来的，但成绩提高了，学生的锐气被磨掉了。因此，教师的教育观念必须彻底转变。

二是过好个性发展关。这是适应新课改的关键所在。学校不是“花园”，不应该也不可能像修剪花木一样把学生搞得整齐划一。学校应该成为学生成长成才的“乐园”。因为是“乐园”，学生才会喜欢，才会向往，才能真正发掘自己的个性潜能。如今是个多样化的时代，我们不仅需要高精尖人才，还需要更多各行各业的建设者。因此，学校要尽可能地为培养社会需要的、符合学生自身特点的人创造宽松和谐的发展空间和环境。

三是过好学生评价关。这是适应新课改的必备条件。“什么样的学生才是好学生”这样一个重要问题，我们确实没有在教育实践中很好地认

识和解决。如果以考试作为评价学生的唯一标准，那么只要成绩好，出现学生逃学、上网、玩游戏、不尊重老师，甚至违法行为都不影响被评为“三好学生”的怪事就不难理解了。目前很多学校对于如何搞好学生的思想品德教育下的工夫比较浅，主要表现为应付上级检查搞几次活动，缺乏主动性和创造性，结果德才兼备变成“得才兼倍”，这需要深刻反思。

二、 高中思想政治新课改的基本理念

教育部于2004年3月印发的新课标给高中阶段思想政治课教学注入了全新的理念。新课标在第一部分“前言”中明确指出，思想政治课教学要着眼于当代社会发展和高中生成长的需要，增强思想政治教育的时代感、针对性、时效性和主动性，强调对知识、能力、态度的有机整合。这改变了过去强调的知识本位和学科本位，体现了以学生的发展为本的思想。新课标在每一个细节中都渗透着对学生的生命关怀。

1. 确保学生和社会发展的统一和谐，倡导新的教育、学习、评价模式

在过去的学习中，学生养成了一种单一的记忆、接受、模仿的被动学习模式。学生在学习过程中单纯地为学习而学习。新课标强化了学习的过程性，强调一种体验式的学习方式。在这种学习方式中，学生的学习是主动的，通过学生的独立思考以及合作探索，使得以往的枯燥学习变成了一个个富有个性的过程，使得学生学习的过程成为生命发展过程中必不可少的一部分，很好地和学生的成长融合在了一起。

在教育价值观上，长期以来形成一种片面强调学生学习为社会服务的思想。而新的课程理念确立了社会发展和人的发展相统一的价值取向，偏向于对学生的知识、能力、态度、情感的关注。所以教师对学生的教育评价方式是多样的，渗透在教师教育、教学的各个方面。通过教育评

价，教师要能够更好地对学生的智能发展、学习情况等进行全面的形成性评价，起到教育评价应有的效果。在教学评价上，一种好的教学评价可以检查出教学与学习的效果，一种不好的评价反而会模糊原有的教学目标，甚至造成反面的效果。但有些时候，教师往往是以一个批评者的身份在进行教学评价。有些教师认为只有居高临下的训斥才能压得住学生，在限制和纠正学生某些不正确的行为时，这种现象就更为普遍。这种教育评价方式有的时候只能起到一种事倍功半的效果。所以，正确的、有针对性的教育评价应该是建立在理解学生、尊重学生的基础之上的。在思想政治课教学中，教师对学生进行评价时，要注意自己的语言表达方式，改变过去大而虚华的评价方式，更应注重学生自身情感、态度的转变。教师要深入了解每位学生的学习情况，尽量多地使用一种欣赏和赞美的语气，在对学生进行全面的考察之后再去评价学生。另外，教师在内心情感上要赏识学生、平等地对待学生，协助学生更深入地了解与肯定自己的能力，并与他人分享进步的喜悦。

2. 着眼学生发展需求，提高学生参与现代社会生活的能力，促进学生人文素质的养成，奠定学生终身发展的思想政治素质

在传统的应试教育中，教育者在加强学生知识能力培养的同时，往往会忽略掉学生最基本生存能力的培养。学会生活、学会生存是一个人应该具备的最起码的能力。特别是在社会高速发展的今天，学生适应、参与现代生活的能力是其生存能力的重要体现，以前的课程标准往往忽略了这一点。学生掌握了这种能力就具备了使自己不断进步的不竭动力，这为学生拓展了无限的发展空间。它有利于引导学生从多层面、多角度观察社会，可以有效地增强学生参与社会的生存能力，以及开拓进取的精神；使学生积极地并富有成效地参与到社会生活中去，帮助他们提高自己的分析、评论、解决社会问题的能力。

当前学生人文素质的匮乏已经成为学校教育的一个突出问题。作为一门重要的人文学科，思想政治课是现代人文教育的重要组成部分。学生通过对思想政治课的学习，更加注重自己对精神方面的追求，加深对人生命运的关怀、体验和思考，从而促进学生人文精神的养成。一个人的世界观、人生观、价值观恰恰正好从不同的方面通过点滴的积累在塑造着人文素质，而人文素质又主要从这些方面体现出来。

新课标一方面强调注重学科知识的传授，另一方面，与其他人文学科一样，注重学科知识与人文教育并重，力求通过思想政治教育加强学生的人文素质，使学生更文明、更高尚，培养出一个尽可能完整的、和谐的人。

另外，学生的成长、成才，要求学生具备的思想政治素质应该和对学生科学文化素质的要求同等重要。甚至从某种程度上讲，思想道德素质的重要性会超过科学文化素质。在当前情况下，国家发展、民族振兴需要高层次人才，而这种高层次人才之所以能成为人才，其本身首先就要具备基本的政治素质。因此，学生要想获得终身和全面发展，首先要奠定这种思想政治素质。按照新课标的精神，思想政治课在学生成长与奠定思想政治素质中要起到旗帜和把握方向的作用。

3. 注重学生的道德、情感体验，培养学生对知识与情感的认同

学生进入高中阶段，人生观的问题随之产生。学生开始思考哪些行为和想法是高尚的，哪些行为和想法是和道德相违背的。思想政治课不仅要解决学生内在知识的问题，而且要解决学生外在行为的问题，实现知识和行为的统一。只有学生自己去追求和亲身体验的时候，道德情操才能真正成为学生的精神财富。而从学生知道应该怎么做到亲自去实践是一个复杂的过程，这其中，学生个体的情感和意志起着非常重要的作用。

思想政治教育的目的就是让学生通过学习，具有一定的道德认识和健康的道德情感。而以往的教材对学生提的要求过高，逾越了学生的发展。这与学生的道德认识、道德情感，尤其是道德行为相距甚远，就使得教学目标很难完成。在这种传统政治课教学中，教师注重学生的道德

认识，而忽视对学生的道德情感培养，使得教学内容过于空洞，没有使学生在知识与情感上产生认同。

新课标提倡教师与学生的交往和互动，通过这种交往使教师对学生起示范作用，从而使学生在内心深处对教师产生敬仰之情乃至模仿其行为。另外，学生在各种各样的道德实践中体会到的自豪感和满足感、在帮助他人的过程中所获得的快乐感等都是一种十分积极的自我教育和十分有效的人生观实践活动，他们在这种模仿和切身体验过程中潜移默化地养成良好的道德情感。

这种道德情感的养成，就使得社会的道德伦理准则变为学生自己的做人准则。其道德行为就会更多地从自我的信念出发，而其道德感就会成为人格的重要组成部分。新课标理念就是要使思想政治课不仅仅是知识的传授，还要在学生的人格养成和全面发展方面发挥作用。

因此，要培养学生对知识与情感的认同，就必须让学生在自主活动中体验、感悟道德境界。把枯燥的道德要求变成无形的渗透，增强思想政治教育的吸引力，将德育渗透到学生学习和生活的各方面，对学生进行潜移默化的教育，陶冶学生的情操。教师要根据不同层次学生的特点，精心设计和组织开展内容丰富、形式多样、吸引力较强的道德实践活动，使学生通过道德实践的体验成为知行统一的人。

三、高中思想政治新课改“三位一体”的新目标

教学目标是教学活动的中心，教学目标正确与否，不仅关系到课堂教学的效果，而且关系到学生将来的发展，决定着教学过程的意义。传统的政治课堂教学非常强调“双基”（基础知识、基本技能）目标的达成。新课标对思想政治课堂教学明确提出知识与技能、过程与方法、情感态度和价值观三个方面的教学目标，即所谓的三维目标。如果我们在新课程教学中无法对三维目标进行有机整合，就必然会回到过去课堂教学的老路上去。

新课标确立的三维目标是紧密联系、相互渗透、相辅相成的，是一个不可分割、统一的目标。知识与技能目标是基础，只有掌握基础知识才能以此为基础发展健全的人格；过程与方法目标就是培养学生的学习能力和掌握学习的方法，此目标的落实有助于其他两个目标的实现；情感、态度和价值观目标重在体验与感受，它贯穿于前两个目标之中。在过程中体验，在体验中培养情感、态度和价值观。只有情感、态度和价值观目标得到实现，才能更好地促进整个目标的实现。

高中思想政治课教学目标与新课标确立的知识与技能，过程与方法，情感、态度和价值观“三位一体”的课堂教学目标是一致的，是发展性教学的核心内涵。那么，在具体的思想政治新课程课堂教学过程中，我们究竟如何对三维目标进行有机、有效的整合呢？

（1）知识与技能目标。它是三维目标的基础，是形成情感、态度和价值观目标的前提。学生如果没有掌握一定的基础知识，不能掌握学习方法、获得学习的体验，是不可能形成和发展健全的人格的。过去在高考指挥棒的震慑下，传统政治课尤为重视这方面的目标，甚至把它当作唯一目标。教师的主要任务是对学生进行知识的传授，进行灌输式教学，想方设法提高学生的成绩。学生则主要通过死记硬背的方法，记条条，背条条，就像一架机器，弊端很多。新课标主要要求学生掌握以“三个代表”重要思想为统领的经济、政治、文化以及辩证唯物主义和历史唯物主义等基本知识。另外，教师要注重学生学习能力与学习方法的培养，让学生在知识学习过程中获得诸项技能。目前的很多案例式教学、互动式教学、小组合作探究式教学都在朝这个方向努力，培养学生的观察能力、分析问题和解决问题的能力。新课标提出的运用马克思主义基本观点和方法观察问题、分析问题、解决问题以及具备在现代社会生活中应有的自主、自立、自强的能力和态度等规定，就是能力目标的总体要求。

（2）过程与方法目标。这既是重要的教学目标，同时又是达成其他目标的重要媒介和支撑。它不仅是新课改的一个亮点，也是一个难点。

过程与方法目标的提出主要是依据建构主义学习理论。该理论的核心思想是：以学生为中心，强调学生对知识的主动探索、主动发现和对所学知识意义的主动建构。该理论认为，知识不是通过教师传授得到的，而是学习者在一定的情境即社会文化背景下，借助学习获取知识的过程中其他人（包括教师和学习伙伴）的帮助，利用必要的学习资料，通过意义建构的方式获得的。教师是意义建构的帮助者、促进者，而不是知识的传授者与灌输者。学生是信息加工的主体，是意义的主动建构者，而不是外部刺激的被动接受者和被灌输的对象。

依据新课标的表述，“过程”应包括两方面的内涵。一是学生的活动过程，这是显性的过程，包括课堂的学习过程和社会的实践过程。二是知识的生成过程，同时也是学生进行思维活动的过程，这是隐性的过程。显性的过程包括学生资料收集、问题探究、自主学习、合作探究、分组学习、问卷调查、个别访谈、社区活动等。在设计上，教师要注重明确地对学生进行指导，以使学生顺利地经历这些学习的过程。

（3）情感、态度和价值观目标。这是实际上的终极目标，是三维目标的关键所在。情感、态度与价值观目标与落实新课标有着必然的联系，甚至可以说，情感、态度与价值观目标能否实现，直接决定新课标能否得到有效落实，政治课堂教学能否真正具有意义。它贯穿于前两个目标之中，使学生初步形成正确的世界观、人生观、价值观，具有爱国主义、集体主义和社会主义的思想情感，为学生的终身发展奠定了思想基础。这是最能体现新课标在人文社会学习领域中的独立价值的目标。

在课堂上落实情感、态度与价值观目标，就能更好地培养学生积极的学习态度、浓厚的学习兴趣和强烈的学习责任；就能调动学生的学习积极性、自觉性和主动性，促进认知的优化、内化和深化，产生良好的学习效果；就能使学生更好地收获学习的成功与快乐，从而有利于构建有生命力的课堂，使新课程的教学焕发出蓬勃的生机与活力。

总之，实现情感、态度与价值观目标，如果着眼于眼前，会让学生情通理顺地自觉进入学习、探究的专注状态，学生不仅会觉得学习是乐事，而且会在学习中发现自己的价值，会把学习、探索当成实现自身价值的手段。如果着眼于长远，在政治课堂上培养的健康积极的情感、正确的人生态度以及明确的价值观，会成为学生日后人生道路上的动力器、方向盘，会为学生一生的发展奠定坚实的基础。

第三节 高中思想政治课对学生人文素质的影响

理财教育——现代人全面素质的客观要求。

随着素质教育的不断发展，我国的一些学校开设了形式多样的理财教育课。有些人认为，理财教育是西方发达国家首先倡导的教育，是与西方国家的国情相适应的，我们不能采用。我认为这种观点是片面的。其实，理财教育并不是西方国家的产物，而是社会发展对人的全面素质的客观要求。应该说，它的出现顺应了我国经济社会快速健康发展的客观要求，同时也符合现代教育的新理念。

首先，我国经济社会快速健康发展，经济现象无处不在，已经渗透到了包括中小学生的学习、生活、交往等各个方面，这是我们所不能回避的问题。面对纷繁复杂的经济现象，如果不对学生进行必要的理财教育，学生就不可能懂得诸如什么是金钱、金钱有什么用、如何正确看待金钱、怎么科学合理地使用金钱、什么是股票、什么是证券、什么是储蓄等知识，更不能真正懂得我国以经济建设为中心的必要性和必然性等道理。因此，开设理财教育课必然会给我们的中小学生带来经济社会中全新的知识和观念。

其次，从树立现代教育新理念的角度来说，理财教育课的开设可谓是下了一场“及时雨”。长期以来，我们的教育在很大程度上与现实生活脱节，不能真正给人以感性的认识。“理论联系实际”“学以致用”成了空洞的口号。学生在这样的封闭教育环境下，自主性得不到发挥，个性得不到张扬，能力素质得不到提高。在如今这种学习生活化的教育情境中，学生不仅可以提高学习的效率，而且可以培养综合素质和人文素质。

在高中思想政治教材的经济生活模块中，其实就涉及很多理财教育方面的内容。如果学生这关过不了，就可能产生不正确的金钱观、价值观，影响健康的人格素质的形成，最终导致人文素质的低下。

高中生人文精神的培养可以通过多学科实现，如语文、历史、地理，甚至数学、物理、化学等学科。而高中思想政治课教学对培养学生的人文精神起着极为重要的作用，这主要表现在以下几个方面。

一、高中思想政治课教学有利于传承祖国优秀传统文化

中华民族是一个伟大的民族，自尊、诚信、艰苦奋斗、自强不息、正直、务实、豁达等传统美德，在高中思想政治教材中都有直接体现。通过教学对学生进行中华民族优秀传统文化和民族精神教育，有利于学生养成良好的思想品格，能增强其民族自豪感、自信心、社会责任感，学会与人交往、与人共处，学会做一个对社会和民族有贡献的现代人。

高中思想政治课人文教育可以结合的优秀传统文化有如下几个方面：

（1）人格培养上，培养自主、自立、自强不息的健康人格。我们选择了“天行健，君子以自强不息”“三军可夺帅，匹夫不可夺志”“士不可以不弘毅，任重而道远”“富贵不能淫，贫贱不能移，威武不能屈”“惟宽可以容人，惟厚可以载物”这些内容来培养学生自立、自主、自强的健全人格。

（2）人生观、价值观方面，我们主要选择了诚信观、公私观、义利观、责任观等作为教育内容。“人无信不立，业无信难兴，政无信必颓”“诚，真实无妄之谓，为商之道，诚信是金”“一诺千金”“一言九鼎”的故事都说明要诚信。无论在什么经济条件下，诚信是成功的保证。“五常”中“仁、义、礼、智、信”之“信”就指诚信，这是做人的基本道德准则。结合我国目前的现状，对学生进行诚信观念的教育刻不容缓。

“义”的价值至高无上。孔子说：“君子喻于义，小人喻于利。”孟子说：“舍生取义。”墨子说：“万事莫贵于义也。”“天下有义则生，无义则死；有义则富，无义则贫；有义则治，无义则乱。”“义，天下之良宝也。”墨子同时也提出“交相利”，就是要求人们在交往中相互得利。要从自身做起，“夫爱人者，人必从而爱之；利人者，人必从而利之；恶人者，人必从而恶之；害人者，人必从而害之”“投我以桃，报之以李”。荀子曰：“君子之能以公义胜私欲也。”“志忍私然后能公。”而法家则提出“去私心，行公义”“克己奉公”的理念。在公与私的选择上，传统道德强调要大公无私。

（3）世界观方面，批判地继承“天人合一”的思想，树立和谐理念。在建设社会主义和谐社会的时期，了解我国传统文化中的和谐思想并进行传承是教育工作者的责任。中国传统文化中的儒家、道家针对社会、人与自然的关系提出了“和谐”的观念。孔子曰：“君子和而不同。”《周礼》曰：“以和邦国，以统百官，以谐万民。”孟子曰：“不违农时。”荀子曰：“养备而动时。”而老子说：“人法地，地法天，天法道，道法自然。”

（4）培养学生勤奋学习的习惯和创新意识。要提高自己的素质，就必须学思并重。儒家认为：“吾非生而知之者，好古，敏以求之者也。”“君子学以致其道。”“好仁不好学，其蔽也愚；好知不好学，其蔽也荡；好信不好学，其蔽也贼；好真不好学，其蔽也绞；好勇不好学，其蔽也乱；好刚不好学，其蔽也狂。”“笃信好学，守死善道。”“学而不思则罔，思而不学则怠。”而法家则提倡“不法古，不修今”，就是强调人们不要效法古代、厚古薄今，批判保守、不思进取的思想倾向。

二、高中思想政治课教学有利于提高适应社会需要的各项能力和素质

符合现代精神的高中思想政治教学应该是以人为本的。其重要的着

眼点是如何利用各种教学手段提高学生的人文素质。在工业化、信息化飞速发展的经济时代，学生中往往存在着重理轻文的不和谐现象，反映出教育功利化的一面。纵观各国的发展轨迹，我们不难看出，真正文明和先进的国度无不重视对公民人文精神的培养和塑造。真正决定一个人成就的不是冰山上的一角，而是水下蕴藏的不易看到的那部分。博大的人文精神正是学生日后成人成才所必备的良好素质。重理轻文直接导致学生素质结构出现缺失，并造成人格精神和魅力的局限。

知识、能力、情感、态度、价值观统一是新课改的重要目标。高中思想政治课涉及政治、经济、文化、哲学等领域的知识，有利于提高学生用马克思主义的立场、观点和方法面对实际问题，作出正确的价值判断和行为选择的能力；有利于提高学生主动参与经济、政治、文化生活的能力；有利于提高学生在社会生活中正确处理竞争与合作关系的能力；有利于培养学生为未来生活而自主学习、选择、探索的能力，依法维护自身合法权益的能力，收集、筛选社会信息的能力，正确认识和处理人与自然、人与社会关系的能力，以及促进人与自然、人与社会的和谐发展，等等；还有利于对学生进行政治、思想、道德、法纪教育；有利于培养学生尊重他人、助人为乐、严于律己、与人和睦相处、尊老爱幼的思想品德；有利于学生明确社会主义的道德规范，提高思想道德修养，提升人文素质。

我们在思想政治课教学中注重渗透人文教育，而不是简单的道德说教，让学生在学习过程中受到各种高尚人格力量潜移默化的影响，为他们在日后的道路上实现人生价值储备深厚的人格底蕴。唯有如此，才能真正使学生从“半亩方塘”的书本中悟出博大精深的人文道理。

三、高中思想政治课教学有利于学生良好心理素质和道德素质的养成

建构起中学生心理健康教育的立体网络——

青少年学生在成长过程中，由于环境的变化，学习上的压力，生活上的不如意，同学交往和家庭关系的不和谐等因素，心理产生一些问题，在所难免。但是，如果心理上的问题影响到学生的学习和生活，这就是一个关系到他们健康成长的大问题了。要解决这个问题，我认为就要建构起中学生心理健康教育的立体网络，家庭、学校、社会和自身齐努力，使每个中学生平平稳稳走过“多事之秋”。

首先，家长和老师要主动地了解和关心孩子的学习、生活和交往情况，及时疏导他们的心理问题。中学阶段是一个转折点，这个年龄段的孩子，心理是复杂多变的。他们的心理比较闭锁，不愿意把自己的心事告诉别人，这与他们心理承受能力较弱形成矛盾。我们要认识到这一点，当发现孩子有什么不正常的时候，就要与其进行心与心的沟通，引导他把自己的困惑说出来，从而对其进行疏导，使其坦然面对遇到的问题。

其次，学校和社会的有关机构要健全中学生心理健康教育体系，要切实转变观念，关注他们所思所想，解决他们的心理问题，真正做到“春风化雨润心田”。在目前的情况下，设立中学生心理诊所，专门开设心理健康教育课，就显得非常必要。

当然，要真正解决中学生的心理健康问题仅靠外界的力量还远远不够。中学生自己就是最好的“心理医生”，要学会通过比较和他人的评价来了解自己的心理特点，并且要经常性地参与音乐、美术、棋类等美育活动，增强心理素质。还可以通过多读好书，优化自己的心理素质。

良好的心理素质是学生综合素质中必备的素质，是人文素质的一个重要方面。思想政治课教学可以培养学生的高度责任感和事业心、进取心，培养学生的敬业奉献精神、创新精神、坚强的毅力和百折不挠的进取精神，培养学生自信、乐观、公正、宽容等良好的心理品质，为学生终身发展奠定良好的心理素质基础。

在应试教育的支配下，思想政治课在教学目的上受到的牵制使得这门课的育人、塑人功能急剧萎缩。教师采用陈旧的教学方法，使政治课的内涵变得褊狭。仅重视理论和知识点的传授和训练，忽视了以人文性和审美性为特征的德育功能。课堂上的道德、爱国教育等往往是被抽去了意蕴和灵魂的“大道理”。一方面，高中生的心理发展愈渐成熟，而另一方面，以道德为主的思想政治课没有人文精神上的拓展，这样我们就很难让学生“亲其道，信其师”。一言以蔽之，道德的皮肉和灵魂被人为地剥离，剩下的只有被应试异化的悲哀和感叹。在我们思想政治课的教学中，教师有针对性地渗透人文精神，就能有效地使知识变得生动、富有情趣，并贴近学生个性，为培养他们各方面素质所需要。

总之，思想政治学科本身蕴含较为丰富的人文知识，涉及伦理学、法学、心理学、社会学、人类文化学、哲学、经济学、政治学、美学等学科。高中思想政治学科教师应把握新课改的契机，顺应时代发展的要求，以实际行动促进政治教育与人文精神的有机结合。

第四节　高中思想政治课 人文教育与传统文化伦理教育

近年来我国相继发生了“毒奶粉”“瘦肉精”“地沟油”“彩色馒头”等恶性的食品安全事件，这些事件足以表明我国目前诚信的缺失、道德的滑坡已经到了比较严重的地步。以高中思想政治课教育目标为中心，挖掘传统文化中可以渗透进高中思想政治课人文教育的素材，探讨传统的伦理教育与高中思想政治课教育可以结合的内容，寻找结合点，对提高当代高中生的人文素质具有重要的意义。

一、高中思想政治课加强传统文化伦理教育的意义

温家宝总理曾经说过：“一个国家，如果没有国民素质的提高和道德的力量，绝不可能成为一个真正强大的国家、一个受人尊敬的国家。”党中央、国务院高度重视文化建设，我们的文化建设除了生产更多健康有益、丰富多彩的精神文化产品，满足人民群众日益多样化的文化需求外，还要把加强同市场经济、民主法治、和谐社会建设相适应的道德文化建设放到更加突出、更加重要的位置上来，要在全社会大力加强道德文化建设，形成讲诚信、讲责任、讲良心的强大舆论氛围。

首先，是整顿和规范社会主义市场经济秩序的必然要求。

这不仅是维护正常生产生活和社会秩序的需要，也有利于从根本上铲除滋生唯利是图、坑蒙拐骗、贪赃枉法等丑恶和腐败行为的土壤，使

有道德的企业和个人受到法律的保护和社会的尊重，使违法乱纪、道德败坏者受到法律的制裁和社会的唾弃。

在不断发展的社会主义市场经济条件下，加强青少年思想道德教育是关系国家命运的大事。《国家中长期教育改革和发展规划纲要（2010－2020年）》提出“要全面贯彻党的教育方针，坚持教育为社会主义现代化建设服务，为人民服务，与生产劳动和社会实践相结合，培养德智体美全面发展的社会主义建设者和接班人”。因此，如何提高青少年的思想道德水平是摆在我们面前的一大课题。

其次，高中新课改发展需要进一步加强思想道德教育。

学校是进行系统道德教育的重要阵地，高中思想政治课又是对学生进行思想道德培养的主渠道。高中思想政治课该如何发挥自身独特的作用，培养学生树立正确的伦理道德观念，树立集体主义、爱国主义、共产主义的价值观和崇高的理想信念，传承优秀的中华民族精神，促进社会主义新人的全面发展，新课改给我们提出了相应的要求。

再次，弘扬中国优秀传统文化需要发挥学校主阵地的作用。

中国传统社会是一个伦理社会，中华民族在几千年的历史实践中形成并积累了丰富的道德文化遗产。历代的思想家、政治家一般都既重视思想政治教化，又注重伦理道德教化，强调把两者结合起来使用。孟子说：“以力服人者，非心服也，力不赡也。以德服人者，中心悦而诚服也。”如何将优秀的传统文化进行传承、发展和创新，做到古为今用、推陈出新也是摆在我们面前的一大课题。

二、必修模块中渗透中华优秀传统伦理教育的主要结合点

中国传统文化博大精深，其核心就是伦理文化，让学生初步了解中国传统文化的相关内容，使学生通过学习能较深刻地认识我们民族自身，更好地理解、继承民族传统文化，弘扬民族精神；培养学生的民族责任感、理想、追求、价值取向、审美情趣；培养学生做人的基本素质，提

高学生的人文素质，使他们成为全面发展的人。

1. **经济生活模块可以结合的有关中华优秀传统伦理的内容**

根据新课标经济生活模块的要求，让学生知道我国社会主义初级阶段的基本经济制度，认识市场经济的特点，了解常见的经济现象，获得参与经济生活的必要知识和技能；理解公平与效率的关系，懂得诚信的价值，增强规则意识，树立社会主义的义利观。新课标中明确提出了诚信的价值理念。因此经济生活模块一是渗透“信”的人伦教育，培养诚信品德。二是渗透“仁”“忠”人伦教育，培养体恤他人的品德。把“诚信”当作人际交往中的重要原则，这是处理个人与他人、个人与社会之间关系的基本要求。人与人之间只有以诚相待，才能相互理解、接纳和信任，才能和睦相处，形成人与人之间的合作和信任关系。高中生在处理人际关系时要坚持真诚原则，真诚是做人之本，是美好品德的体现。“仁者，爱人。”现代社会赋予“仁”的思想是要做到有爱心和宽容心，“己所不欲，勿施于人。”现代社会对劳动者的要求是具备良好的政治思想素质，具备遵纪守法、团结合作、爱岗敬业、诚实守信、奉献社会等道德品质，具备丰富的专业知识、综合性知识和技能，具备良好的身体素质和心理素质等。

2. **政治生活模块可以结合的有关中华优秀传统伦理的内容**

根据政治生活模块的要求，让学生了解中国特色社会主义政治制度；认识到发展民主政治的根本是要把党的领导、人民当家做主和依法治国有机统一起来；体会生活中依法行使民主选举、民主决策、民主管理、民主监督权利的意义、途径和方式；理解国际竞争和国际合作对中国发展的影响，进一步增强公民意识和国家观念。因此，政治生活中的主要结合点，一是渗透“忠孝”人伦教育和现在的忠孝观念，培养爱国主义品德；二是渗透“礼”的人伦教育，树立法治观念。“忠孝”人伦教育在当代强调个人要忠于自己的祖国，要把个人的命运和国家的命运紧密相连，个人要积极为国家做出自己的贡献甚至为国家做出牺牲，国家也要维护好个人的正当权利。

3. **生活与哲学模块可以结合的有关中华优秀传统伦理的内容**

根据生活与哲学模块基本的内容目标和总的要求，帮助学生了解马克思主义哲学的基本原理，学习运用辩证唯物主义和历史唯物主义的观点和方法正确看待自然、社会和人生的发展，知道实践是检验真理的唯一标准，坚持解放思想、实事求是、与时俱进，能够在社会生活中做出正确的价值判断与行为选择，树立和追求崇高的理想，逐步形成正确的世界观、人生观、价值观。结合点之一是渗透“孝悌”的人伦教育，培养集体主义价值观；二是渗透“义”的人伦教育，培养正确的义利观。孟子学说的核心是“仁义”，其中“义”是判断一切事物最核心的标准，是对内在道德修养的要求。孟子非常重视“义”，认为“义”对人生有重要的导向作用，要求人们求“义”不贪利，不庸俗媚世，要做一个有道德尊严、有善性追求的人，不被低俗欲望左右，不被富贵权势驱使。孟子主张追求道义，做顶天立地的大丈夫。当生命与道义发生冲突，要进行生义抉择的时候，孟子反对苟且偷生，主张慷慨就义，这是他追求的“义”的最高境界。现在有些高中生在交友过程中有逐利趋向，往往不能坚持正义。有些则不能正确理解“义”的价值内涵，陷入盲目的哥们儿义气之中，从而做出一些错误的行为举止。因此，高中思想政治课应该渗透孟子“义”的人伦思想，引导学生正确理解和对待“义”与“利”的关系，树立正确的“义利”观，宣传仁爱思想。

4. **文化生活模块可以结合的有关中华优秀传统伦理的内容**

根据文化生活模块的要求，关注学生的精神文化生活，让学生能够珍惜中华文化的价值；赏析不同民族文化的精华；辨析当前各种文化现象和文化思潮；懂得文化传承和文化交融对文化创新的作用；提高自身的文化理解和鉴别能力，追求更高的思想道德目标，把握先进文化的前进方向。在进一步拓展国际视野、增强开放意识的同时，大力弘扬和培育民族精神。结合点为渗透“孝”的人伦教育，培养感恩的品德和渗透“忠”的人伦教育，培养爱国主义情操。虽然传统的“孝”伦理有它自己的局限性，也和当代的“孝”有着诸多不同，但当今人们生活在日益现代化的安定环境中，道德观有所削弱，导致学生的家庭伦理道德观念较为淡薄。所以，加强和推广这方面的教育，使学生树立起家庭、社会整体观念及国家、民族整体观念就有着十分重要的积极意义。

中国传统孝文化有利于构建高中生和谐的人际关系。孝是当代高中生形成和谐人际关系的价值渊源。他们的人际关系不外乎与长辈、兄弟、师生、同学、朋友的关系等。而在古人看来，一切关系都是基于孝而发生的。从精神机制上看，孝文化讲究一个“推”字，推及于人，行忠恕之道，从而处理好一切人际关系。如此，不仅会和睦九族，以亲乡里，而且会以君为父而忠君，以民为本而爱民，由追孝祖宗而爱国，以师为父而尊师，以长老为父兄而敬老尊长，因同事同学而友长，等等。在现代中国，传统的道德观念受到很大冲击，但孝道观念仍然深深扎根于社会当中。特别是目前中国处于社会经济发展水平还比较低、进入老龄化社会而社会保障制度又不够完善之时，将孝道作为传统美德加以倡导，有其重要的意义。

第三章 现状分析：高中思想政治课人文教育不容乐观

关于在高中思想政治课中关注学生人文教育的问题，教育界以往多停留在论证其重要性上，没有在具体实施上做进一步研究。新课改推行以来，教育形势发生了变化，高中思想政治课究竟对人文教育重视与否？学生与教师的态度如何？笔者带着这些问题进行了专门调查，并就调查结果及上述问题作了一些粗浅的分析和探讨。

第一节 新课改下对高中思想政治课人文教育状况的调查

为了获得高中思想政治教育中有关学生人文素质的第一手资料，了解中学教育中人文教育的开展情况、实施效果，探讨人文教育的基本原则以及最有效的方式和途径，推动人文教育在高中思想政治学科中的全面实施，2008 年 9 月至 2009 年 10 月，我对江西省的宜丰中学、宜丰二中、新余市第一中学、高安中学、高安市石脑中学、贵溪市冶炼厂中学、江西财大附中、赣州市第一中学、玉山县二中、兴国县平川中学、分宜中学进行了调查；2011 年至 2012 年，我又对深圳市福田区的部分学校师生进行了访谈，针对一些问题作了补充调查。

学校选择：江西省的 11 所学校中，位于省城的有 1 所，处于地级市的有 2 所，在县城的有 6 所，在乡镇的和子弟学校各 1 所。其中省级重点学校 7 所，一般学校 4 所。所选学校具有广泛的代表性。

学生选择：各校分别选高一、高二年级推行新课改的班级各 1 个班，少量高三学生，共 1100 人。整体上，城乡学生大约各占一半。另外，直接参加该项调查的高中政治教师共有 95 人，间接参加的有 30 多人。

调查方式：问卷调查与教师学生座谈以及通信访谈相结合。

本次问卷调查共发放问卷 1100 份，收回有效答卷 1050 份。

一、高中生人文素质的整体状况

人文素质的核心是价值观，价值观是人生观和世界观的基础。高中生的价值观情况可以反映出他们人文素质的基本水平，他们的人生目的和追求可以说明他们人生观的价值取向，具有正确价值观的人才会有高尚的品德和健康有益的习惯。当我们探本求源之后会发现，我们的教育确实没有很好地利用丰富的人文资源对学生进行行之有效的人文素质教育，以至于形成了今天高中生人文素质令人忧虑的局面。价值观方面的调查主要体现在对自己、他人、集体和国家的认同，对自然环境与人的关系的看法等方面。

1. 对自己的认同

主要调查学生人生观、价值观的基本情况。调查结果显示：高中生以自我意识为中心和极端个人化现象突出，具体统计结果见表1。

表1　高中生对自己的认同调查

序号	内　容	调　查　结　果			
1	你想做一个怎样的人?	A. 道德高尚、受人敬仰的人	B. 德才兼备、为社会作出重大贡献的人	C. 安分踏实、默默奉献的人	D. 像明星一样拥有较多金钱、鲜花和掌声的人
		22.7%	5%	10.3%	62%
2	你是否做到了不迟到、不旷课、不迟交缺交作业、不逃避值日与大扫除?	A. 做到了	B. 基本做到了	C. 经常做不到	D. 有时没有做到
		33.8%	41%	10%	15.2%
3	你能乐观地面对生活、学习，并且对实现自己的理想有信心吗?	A. 能	B. 基本上能	C. 遇到困难时，我会觉得无助	D. 自卑，觉得压力特大、前途渺茫
		50.4%	20.6%	16.5%	12.5%

高中时期是自我意识迅速增长的时期。但是，学生的自我意识发展并不是一帆风顺的，在发展中存在着许多矛盾和挫折。如果这些矛盾处理得当，便有助于促进学生的心理发展。若这些矛盾处理不好，则会使

学生产生种种心理障碍，严重损害心理健康。

调查显示，高达62%的高中生想做一个“像明星一样拥有较多金钱、鲜花和掌声的人”；只有5%的学生想做“德才兼备、为社会作出重大贡献的人”。这说明，虽然很大一部分高中生关注人生价值的实现，但衡量人生价值的标准比较含糊，主要集中于把价值定位于金钱的多少，能否满足自己将来的物质生活上。

问题“你是否做到了不迟到、不旷课、不迟交缺交作业、不逃避值日与大扫除”主要调查高中生的基本责任感情况。调查结果为：“做到了和基本做到了”的共占74.8%，“经常做不到和有时没有做到”的也占相当大比例，达25.2%。从统计数据中不难看出，大多数高中生的自我责任感比较强，特别是重点学校的学生。自我责任感较弱的主要集中于普通学校。这种情况在问题3的调查中有同样的反映。71%的高中生对实现自己的理想还是充满信心的，“遇到困难时，我会觉得无助”“自卑，觉得压力特大、前途渺茫”的分别为16.5%、12.5%。

部分学生克服自卑感的主要方法，首先应该是要正确地分析自我、认识自我，并且接受自我；其次是要多创造成功的机会，树立起自信心；再次，树立正确的理想和价值观也有助于克服自卑感。

2. 对他人（家长、同学和陌生人）的认同

表2 高中生对他人的认同调查

序号	内　容	调　查　结　果			
4	2008年四川汶川发生特大地震时，你捐款了吗？	A. 完全自愿主动捐款	B. 受学校老师倡议捐款	C. 受别的同学影响捐款	D. 不自愿
		75%	15%	4.2%	5.8%
5	看到别的同学穿名牌衣服、用手机或MP3等，你会怎么想？	A. 不动心	B. 劝说别人不要这样高消费	C. 要求父母购买	D. 与他们进行攀比，显示家里实力
		5.6%	3.4%	60.6%	30.4%

续表

序号	内容	调查结果			
6	当你班上的同学沉迷于上网而影响学习时，你会怎么做？	A. 主动帮助他摆脱网瘾	B. 认为是个人的私事，不好干涉	C. 告诉老师和他的父母	D. 认为是咎由自取、不争气的表现
		3.2%	83.8%	2.8%	10.2%

第4个问题的设计，主要是体现现在的高中生对特别困难、需要帮助的陌生人的关心、帮助和无私奉献。调查显示，90%的高中生能够完全自愿主动捐款或者受学校老师倡议捐款，这从一个侧面表明当代高中生还是富有同情心的。

第5个问题的设计主要基于部分高中生高消费的问题。我们要透过现象看本质，高消费问题可以反映出其对父母的尊敬程度以及是否有珍惜劳动成果的态度。调查发现，当代高中生追求时尚、好攀比的虚荣心理较强。“看到别的同学穿名牌衣服、用手机或MP3等”，竟有60.6%的学生表示“要求父母购买”。

关于这个问题的调查，我还写过《手机的负面影响》一文来引导学生正确合理使用手机。

手机本来只是一种通信工具，是信息时代的产物，它为更便捷地沟通人际关系起着重要的桥梁和纽带作用。然而，任何新生事物的存在都具有两面性，对人们起着积极作用的同时，又会不可避免地存在一些不良影响，手机当然也不例外。特别是对于中学生这个特殊的人群来说，手机潜伏着危害他们健康成长的一些不利因素，这些负面影响不容忽视。

其一，中学生上学带手机会滋长一些学生的虚荣心。中学生有着不同于成年人的特殊生理和心理，求新求异的心理很强，喜欢互相攀比。一旦有些学生带手机来学校，一些自制力较差的学生心里就会痒痒的，也想拥有这种较时髦的东西。另外，现在手机的款式和功能越来越多，有手机的这部分学生也会去比较，比价钱、比款式、比功能等。这样下去，攀比之风越演越烈，学生的虚荣心就会越来越强。

其二，中学生带手机不利于他们艰苦朴素良好品质的养成。现在市场上手机的价钱还是比较高的，而且通信费更是一个“无底洞”。有些学生不管家庭经济条件的好坏，死乞白赖缠着父母买手机，有些家长拗不过孩子，最后还是动了心。有了它，家庭开支就又多了一笔。有些学生经常用手机打收费较高的热线电话、声讯电话，通信费每月高达两三百元的不在少数。

其三，带手机上学会分散学生学习的注意力。现在的手机大多都有游戏程序。有些学生上课不认真听讲，偷偷玩手机游戏。还有些学生上课不关机，一旦有人打电话来还要出去接电话。甚至有少部分学生利用手机结交社会上一些不三不四的朋友，根本没有心思读书，学习成绩一落千丈。如此看来，家长、老师对学生带手机上学还是应该提高警惕，尽可能避免因此带来的负面影响。

关于第 6 个问题的设计主要是调查学生的人际关系（与同学的关系）。通过对数据的分析和平时的观察，对于像“当你班上的同学沉迷于上网而影响学习时，你会怎样”的问题，大多数学生表现出冷漠和无奈的态度，所以就有 83.8%的学生认为这是“个人的私事，不好干涉”。这种情况从下面这个案例中可以得到印证。

“上初中的时候，我的人缘非常好，但是到了高中，身边突然安静了，这种落差让我不知所措。我想要亲近身边的人，可是却总也不能像以前一样做到与同学亲密无间。”在高中阶段觉得孤独其实是很正常的现象，这和升学压力有很大的关系，就如同百米赛跑时起点身边的对手一样，即使身边是自己的队友，也只能对视一下，不可能产生亲密感。当然，我们也不能否定高中同学之间是存在真挚的友谊的。

3. 对集体和国家的认同调查

高中生应该在爱护公共财产、合作共处方面体现出较高的素质。爱护公物是对公民的基本道德要求之一，在集体生活中是必须做到的，而学会合作、学会共处、具备与人交往和解决人际冲突的能力是一个人生存的基本前提，是一种重要的人生技能。对一个集体而言，合作精神和团队精神是事业走向成功的保证，因此这两种素质都应较好地具备。调查结果如表3所示。

表3　高中生对集体和国家的认同调查

序号	内　容	调查结果			
7	当你看到教室卫生没有人打扫时，你会怎么办？	A. 主动打扫	B. 与我没有什么关系	C. 批评没有扫地的同学	D. 老师要求我打扫时我会打扫
		20.6%	27.6%	10.6%	41.2%
8	我国成功举办奥运会，实现首次“太空漫步”，你觉得自豪吗？	A. 很自豪	B. 与我没有什么关系	C. 提升了国家实力	D. 没有什么看法
		68.5%	4.3%	25.7%	1.5%
9	在乌鲁木齐市发生的“七五”打砸抢烧严重暴力犯罪事件，你的看法是什么？	A. 十分气愤，强烈谴责	B. 与我没有什么关系	C. 真正懂得了民族团结的重要性	D. 不知道这件事
		72.4%	2.6%	20.5%	4.5%
10	你在日常生活当中，是否做到了爱护公共财物和与同学和谐共处？	A. 完全做到了	B. 基本做到了	C. 做得很不好	D. 我自己的东西都不爱护，更不用说公物了
		33.5%	50%	10%	6.5%

另外，关于国家观念的调查设计了两道问题，在回答“我国成功举办奥运会，实现首次‘太空漫步’，你觉得自豪吗”和“在新疆乌鲁木齐市发生的‘七五’打砸抢烧严重暴力犯罪事件，你的看法是什么”的调查中，分别有68.5%的学生选择了“很自豪”，72.4%的学生认为“十分气愤，强烈谴责”；并且分别有25.7%的学生能够选择“提升了国家实力”，20.5%的学生站的角度较高，选择了“真正懂得了民族团结的重要性”。从这些调查中我们可以看出，当代高中生绝大多数具有爱国情怀。他们希望我们的祖国繁荣富强起来，希望民族团结，反对民族分裂，珍

惜稳定的政治环境。当然，通过调查，我们也发现少部分高中生集体观念淡薄，不是很关心国家大事。从统计表中可以看出，有4.5%的学生“不知道”发生的“七五”打砸抢烧严重暴力犯罪事件；“当你看到教室卫生没有人打扫时”，“主动打扫”的为20.6%，“与我没有什么关系”的高达27.6%。这又告诉我们，部分学生集体观念不强，仍需要高中思想政治课发挥它人文教育的作用。

4. 对自然环境与人的关系的看法

在对这个问题的调查中，我们还要求学生根据学校和学生的实际情况提出有针对性的措施。有学生写下了《反对浪费，倡导低碳生活从身边小事做起》的小文章。请看——

自从倡导节约型社会和低碳生活理念提出以来，我校就提出建立“节约型”校园的倡议。为了实现这个目标，学校从学生身边的小事入手，把培养“节约意识”作为对学生养成教育的重要内容。具体措施有以下几个方面：

其一，教室垃圾“变废为宝”。以前，有些学生行为习惯较差，也没有节约意识，乱丢纸屑、饮水瓶等现象比较严重。本学期以来，学校推出新措施，在各班教室建立了垃圾“回收角”，并定期公布各班回收数量，纳入班级考核。通过这个措施的实施，学生真正懂得了“垃圾是放错地方的资源”的道理。

其二，水电“限额”使用。学校根据实际情况，提出了各班和寝室的每月用电用水标准，对“超额”的班级和寝室进行通报批评，对用量较少的进行表扬。与此同时，每班都有专职学生负责此事，坚决杜绝白天点灯、点“不夜灯”和不关水龙头现象的发生。

其三，食堂值日“全程监控”。“锄禾日当午，汗滴禾下土。谁知盘中餐，粒粒皆辛苦。”随着生活水平的提高，有的学生，特别是城里的学生很难理解粮食的来之不易，食堂乱倒饭菜的现象时有发生。为此，学校每天都安排教师和学生在食堂值日，对一些乱倒现象进行监督，对乱倒的学生进行批评教育，引导学生养成“节约光荣，浪费可耻”的自律品质。

关于这方面的理想素质应该是感激、关心、珍惜环境，并有保护动植物的责任意识、忧患意识。学生对环境被破坏的严峻现实有直接和间接的认识，对保护环境的重要性、迫切性有清醒的认识。因此，思想认识上不存在任何障碍，但是要把保护环境化为日常生活中的行动，有些学生做得还不够好。如表 4 所示。

表 4　高中生对自然环境与人的关系的看法

<table>
<tr><th>序号</th><th>内　　容</th><th colspan="4">调　查　结　果</th></tr>
<tr><td rowspan="2">11</td><td rowspan="2">你能从生活中的小事做起，不做损坏环境的事，自觉地珍惜爱护环境吗?</td><td>A. 能</td><td>B. 基本上能</td><td>C. 不能</td><td>D. 有时我还是不知不觉地做了破坏环境的事情</td></tr>
<tr><td>60%</td><td>25%</td><td>12%</td><td>3%</td></tr>
<tr><td rowspan="2">12</td><td rowspan="2">现在环境问题日益严重，你认为该怎么办?</td><td>A. 具有必然性</td><td>B. 应该纳入法律</td><td>C. 没有正确处理人与自然的关系</td><td>D. 与我没有太大关系</td></tr>
<tr><td>27%</td><td>36%</td><td>34%</td><td>3%</td></tr>
</table>

5. 关于如何对待世界的调查

我认为对待世界的理想素质是：关心国内外大事，能站在世界的角度看待问题，初步具有世界公民意识和全球意识。为此，我设置了两个问题进行调查。

问题 1：你是否每天看报纸、“新闻联播”，或者上网浏览国内外要闻？结果：关心 54%，比较关心 33%，不关心 13%。

问题 2：你是否能站在世界的角度看待国家的政治、外交、经济、文化、军事等方面的方针、政策和路线？结果：能 53%，不能 47%。

调查结果显示：87%的学生关心或者比较关心天下大事，这是他们具有世界公民意识、全球化意识最重要的知识、信息基础；能立足世界看待问题的学生也占 53%，这说明拥有世界公民意识的学生比例是相当高的。

6. 对待文化艺术的态度

高中生这方面的理想素质是：热爱学习，读书专心刻苦，有恒心，有毅力，有一定的审美能力，尊重世界多样化的文化，培养比较高雅的情趣，敢于坚持真理，习惯独立思考，能进行研究性学习并有所创造。

调查结果显示：86%的学生能按时到校学习，基本上能做到不早退、不旷课，按时完成作业，能比较自觉地坚持学习，有恒心，但城市学生整体上不及农村学生学习专心刻苦、有毅力；课外阅读面偏窄，特别是外国名著平均阅读量相当小，虽然有48%的学生喜欢音乐，但绝大部分学生仅仅停留在对流行歌曲的欣赏上，这明显影响了学生审美能力的提高、高雅情趣的培养和对世界其他民族文化的了解、借鉴；面对网络游戏的诱惑以及网络不良信息的影响，28%的学生能够坚决地说“不”，52%的学生能够适可而止，表现出比较强的自制能力。调查发现，学生普遍比较缺乏研究性学习能力。

7. 学生对高中思想政治课以及实施人文教育的认识

该部分为学生调查问题，包括4道题，主要想通过调查了解学生对政治课学习的兴趣，对政治课学习的认识和理解，对人文教育的看法。具体情况见表5。

表5 学生对高中思想政治课以及实施人文教育的认识

<table>
<tr><th>序号</th><th colspan="2">内 容</th><th colspan="4">调 查 结 果</th></tr>
<tr><td rowspan="4">13</td><td rowspan="4">学生对高中思想政治课学习的认识</td><td rowspan="2">(1) 你喜欢高中思想政治课吗?</td><td>A. 很喜欢</td><td>B. 比较喜欢</td><td>C. 因老师而异</td><td>D. 不喜欢</td></tr>
<tr><td>10%</td><td>17%</td><td>42%</td><td>31%</td></tr>
<tr><td rowspan="2">(2) 你觉得目前学到的思想政治知识在社会生活中有用吗?</td><td>A. 有用</td><td>B. 有点用</td><td>C. 不清楚</td><td>D. 没有用</td></tr>
<tr><td>43%</td><td>16%</td><td>35%</td><td>6%</td></tr>
</table>

续表

序号	内　　容	调　查　结　果			
14	学生对人文教育现状的认识。	A. 效果不好	B. 效果好	C. 老师有时“作秀”	D. 不知道
		32%	18%	23%	27%
15	学生对教师实施人文教育方法途径的认识。	A. 方法途径多	B. 方法途径少	C. 适合学生	D. 不适合学生
		18%	52%	10%	20%

通过学生来了解教师进行人文教育的情况可以更真实地反映出思想政治课中实施人文教育的情况。总体来看，学生对高中思想政治课“很喜欢”或者“比较喜欢”的仅占27%；而有42%的学生对思想政治课的看法是“因老师而异”，可见教师教学风格对学生的影响是比较大的。

关于“你觉得目前学到的思想政治知识在社会生活中有用吗”的调查，超过半数学生还是认为“有用”。但是“学生对人文教育现状的认识”以及“学生对教师实施人文教育方法途径的认识”两项调查的结果，给我们带来很多忧虑。学生普遍反映思想政治课中人文教育的效果不理想，甚至有23%的学生认为“老师有时‘作秀’”；52%的教师实施人文教育“方法途径少”，“不适合学生”的情况占20%；只有18%的学生认为教师“方法途径多”，认为“适合学生”的仅为10%。

二、高中思想政治课教师实施人文教育的情况

1. 教师对人文教育意义的认识

该部分为教师调查问题，包括2道题，主要想通过调查了解教师对在高中思想政治课中开展人文教育的认识。只有教师对人文教育有了深刻的认识，人文教育才能深入实践，取得良好效果。

表 6 高中政治教师对人文教育意义的认识

序号	内　　容	调　查　结　果			
1	高中思想政治新课标非常重视加强对学生的人文教育，您怎样认为？	A. 非常有意义	B. 有意义	C. 有点意义	D. 没有太大意义
		50%	12%	15%	23%
2	您觉得人文教育对学生思想政治学习有帮助吗？	A. 有帮助	B. 帮助不大	C. 没有帮助	D. 对学生成绩有负面影响
		46.2%	16.3%	8.9%	28.6%

从表 6 的数据可以看出，教师对在高中思想政治课中开展人文教育的认识是准确的，更是积极的。主要表现在：教师对思想政治学科教育和人文教育的认识是辩证统一的，所以有 62%的教师认为高中思想政治新课标非常重视加强对学生的人文教育“非常有意义”或者“有意义”；教师对人文教育目的上的认识是准确的，教师在人文教育的实践上是有效的，有 46.2%的教师认为人文教育对学生思想政治学习“有帮助”。而 28.6%的教师认为人文教育对学生思想政治学习“成绩有负面影响”，“没有帮助或者帮助不大”的占 25.2%。这些数据或多或少地表明相当一部分教师教育观念传统，对在高中思想政治课中实施人文教育的积极性和主动性不够高，对人文教育能够产生的效果没有信心。

2. 教师对人文教育现状的认识

表 7 高中政治教师对人文教育现状的认识

序号	内　　容	调　查　结　果			
3	您在思想政治课堂教学中会处理人文教育的问题吗？	A. 非常自觉而且经常	B. 自觉	C. 进行公开教学等活动时会	D. 从来不进行
		16%	5.5%	60.5%	18%

续表

序号	内容	调查结果			
4	您认为高中政治教师实施人文教育的效果理想吗？	A. 非常理想	B. 一般	C. 较差	D. 不好说
		5.8%	25.8%	55.4%	13%
5	您认为影响当前高中人文教育最重要的因素是什么？	A. 高考制度	B. 教师的教育观念	C. 社会因素	D. 教育评价
		24.7%	25.5%	26%	23.8%

在对“您在政治课堂教学中会处理人文教育的问题吗”的问题调查中，有16%的教师选择了“非常自觉而且经常”，60.5%的教师选择了“进行公开教学等活动时会”，还有18%的教师选择了“从来不进行”。在对“您认为高中政治教师实施人文教育的效果理想吗”的问题调查中，认为“非常理想”的仅为5.8%，“一般”的为25.8%，而共有68.4%的教师认为在高中思想政治中实施人文教育的效果“较差”和“不好说”。

在对“您认为影响当前高中人文教育最重要的因素是什么”的问题调查中，高考制度、教师的教育观念、社会因素、教育评价等4个因素的比重比较接近，分别为24.7%、25.5%、26%、23.8%，显示出这4个因素都对在高中思想政治课中实施人文教育产生了很大的影响。

3. 教师对人文教育方法和途径的认识

表8　高中政治教师对人文教育方法和途径的认识

序号	内容	调查结果			
6	您认为人文教育采用什么教育方式最好？	A. 熏陶、感染	B. 知识传授	C. 榜样示范	D. 其他
		61%	20%	17%	2%
7	您认为开展人文教育最有效的途径是什么？	A. 自主阅读	B. 课堂渗透	C. 研究性学习	D. 思想政治课社会实践或者活动
		25.3%	42.7%	11%	21%

续表

序号	内　　容	调 查 结 果			
8	您希望开发与思想政治学科有关的课外人文读物吗？	A. 希望	B. 无所谓	C. 不希望	D. 其他
		20%	35%	30%	15%

自从新课标实施以来，确实有很多教师在人文教育方面做了大量研究、探索和尝试，但实施人文教育的方法和途径不多，内容不清晰，导致教师不能更好地进行人文教育的实践。从表 8 中我们可以清楚地看到，61%的教师认为进行人文教育的主要方式是“熏陶、感染”，然而只有 25.3%的教师认为最有效的人文教育的途径是“自主阅读”，42.7%的教师选择了“课堂渗透”，而只有 11%的教师认为“研究性学习”是开展人文教育最有效的途径。选择“思想政治课社会实践或者活动”的占 21%。

但实际情况到底是怎样的呢？根据对一些教师的访谈，我们了解到，只有不到 20%的教师在思想政治课堂教学中经常渗透人文教育，有 70%左右的教师“偶尔”会提及人文教育，可见在课堂教学中穿插或者渗透人文教育的教师并不多。而且，人文教育强调“自主”“熏陶”和“感染”，开发“人文读物”和开展“自主阅读”应该是人文教育一种较好的选择。我们可以看到 20%的教师“希望”开发课外人文读物，但一些教师认为学生平时用来阅读的时间很少，所以有 30%的教师“不希望”开发课外人文读物，35%的教师抱着“无所谓”的态度。其实学生通过自主阅读人文读物可以在人文精神的熏陶和感染下形成人文精神，但我们还需要探讨和研究“如何开发人文读物”和“自主阅读如何实施”等问题。

4. 教师对人文教育内容的认识

该部分包括了教师调查问题 3 道，主要想通过调查了解在高中思想政治新课程的哪些模块中开展人文教育最贴近学生实际，探讨人文教育内容的形式和传递的主要思想。

表 9　高中政治教师对人文教育内容的认识

序号	内　　容	调　查　结　果			
9	您认为应该在哪些课程内容中开展人文教育？（可多选）	A. 经济生活	B. 政治生活	C. 文化生活	D. 生活与哲学
		46.6%	22.7%	38.6%	66.4%
10	在新课程必修模块中，您认为实施人文教育最难的内容是什么？（选两项）	A. 经济生活	B. 政治生活	C. 文化生活	D. 生活与哲学
		26%	69.7%	80.2%	24.1%
11	选修课可以挖掘哪些人文教育因素？（可多选）	A. 法制意识和道德伦理	B. 国家观念与国际视野	C. 创新、竞争精神与诚信意识	D. 不清楚
		88.7%	79.3%	75.9%	15.8%

关于第 9 个问题“您认为应该在哪些课程内容中开展人文教育？（可多选）”的调查，选生活与哲学和经济生活的最多，分别为 66.4%和 46.6%。选政治生活的最少，仅为 22.7%。教师可能认为经济生活与学生实际生活联系比较紧密，教学素材中感性的东西较多，教学联系实际，学生比较容易接受，对学生今后的影响比较大。而生活与哲学课程主要讲授世界观和方法论知识，对学生看待社会、思考人生、形成科学的思维方法非常有意义。选政治生活的相对较少，原因是教师受到老课程体系的影响。因为采用老教材授课时，这门课是在高三开设的，而很多学校受应试教育影响，高三课程一般在高二就已经讲授完毕，而且课程内容中政治常识的原理较多，理论性的东西较多，教师和学生主要精力集中在应考上面，对学生进行人文教育自然就较少。

关于第 10 个问题“在新课程必修模块中，您认为实施人文教育最难的内容是什么？（选两项）”选文化生活的较多，占 80.2%。经过进一步的调查了解，其主要原因是文化生活模块是新设的，教师对这一部分的内容不是很熟悉，教学起来也不是很有底。这启示我们，新课改对如何搞好这部分的知识教学和进行人文教育必须加以高度重视。

第11个问题设计的主要目的是了解思想政治课教师对新课程选修课模块中人文教育的挖掘。调查显示，法制意识和道德伦理，国家观念与国际视野，创新、竞争精神与诚信意识所占比重相差不大，分别是88.7%、79.3%、75.9%。而有15.8%的教师表示“不清楚”。不清楚的原因是这部分教师没有关注新课改中高中思想政治课程具体内容体系的变化。因此，教育部门还必须加强对教师的新课程培训，提高他们的素质，使他们转变教育观念，更快适应新课改，增强在课程中实施人文教育的自觉性。

第二节 新课改实施过程中人文教育存在的主要问题透视

下面是我对中学校园里“有偿帮助”现象调查后曾经写的一篇小文章《同学真情无价》——

部分中学生的人生观、价值观一定程度受到了社会不良风气和品德教育缺失的影响。有些同学错误地认为，现在是市场经济社会，人与人之间的关系就是赤裸裸的金钱关系，同学之间的帮助也该是“有偿”的，否则就认为自己吃了亏，是傻瓜。其实，这种思想是十分有害的，我们要保持清醒的头脑。

有句话说得好：“金钱不是万能的。”作为成长中的中学生，必须清醒地认识到，不是任何东西都可以用金钱换得的，同学之间的真情就是其中一例。在学习中，在生活上，在内心深处，我们都或多或少地需要别的同学的关心、鼓励和帮助，如果都带着有偿的目的，同学之间的这些需要就根本无法得到满足。换言之，抱有这种思想，同学之间纯真、美好的情谊就会遭到玷污，文明、健康和进取的班集体就不会形成，我们就不可能在集体中受到感染，受到教育，感到温暖。

任何人都要有一定的思想境界，中学生更是如此。雷锋的一句话给我们很大的启迪：“人的生命是有限的，可是为人民服务是无限的，我要把有限的生命投入到无限的为人民服务之中去。”这种崇高的精神激励着他成为一个伟大的共产主义战士。今天的中学生，要想真正成为祖国的建设者和接班人，就要坚持“我为人人，人人为我”的思想，摒弃极端个人主义和拜金主义思想的影响。因此，懂得了奉献，才会有索取。在同学关系中，如果对同学进行一点帮助也要强调“有偿”，势必会给同学关系蒙上一层“紧张”“利用”的面纱。久而久之，就会丧失自我，失去人格和尊严。这告诉我们一个道理：同学真情无价。

“有偿帮助”显然是部分中学生对社会中市场经济等价交换原则的歪曲理解、盲目仿效造成的。虽然不是普遍现象，但它的背后反映出一些中学生的责任意识淡薄，为人民服务思想扭曲变味，无私奉献精神缺失，纯真美好的友情丧失，其实质是道德品质不高、人文素质偏低。同时反映出我们的人文教育还有不到位的地方。

各地积极实施新课改以来，广大高中思想政治课教师认真学习新课标，积极参加上级各部门组织的新课程培训，提高自己的专业素质，在教学实践中进行了很多探索，取得了许多有益的经验和成果。但由于各种原因，教师在思想政治课中实施人文教育还存在许多问题，学生的人文素质还有待提高，实施人文教育的途径还有待继续探索。

一、部分高中生的人文素质还有待提高

通过调查，我们发现，当今高中生普遍富有同情心，还具有强烈的爱国意识，希望祖国繁荣富强、长治久安。但目前部分高中生的人文素质还不高，主要表现为人生价值观扭曲，价值观念金钱化和极端个人化，强调个人奋斗，协作精神差，集体观念淡漠；部分高中生道德水准下降、缺乏文明修养，不懂得做人的规范，公众意识差；也有一些学生缺乏正确的世界观和人生观，对国家、对人民缺少深厚感情。另外，随着网络时代的来临，很多高中生的课外生活被网络占满了，部分学生心理素质较差，对社会和个人问题的理解能力、感悟能力较弱，不能正确对待挫折，不能有效地排遣和调适自己的心理障碍；社会适应能力很差，很多人缺乏责任意识，不知道如何处理好人际关系，心理承受能力差，因失恋、考试成绩差、生活中的变故便丧失生活的勇气。

同时，当前学校的教育工作存在“重教书，轻育人”的现象，学校、家庭、社会、学生都存在着重理轻文的问题。也可以说，现行教育体制忽视或没有重视人文素质教育的内容，这是造成当今中学生人文素质偏低的直接原因和主要原因。因此，必须进行教育教学改革，加强人文素质教育，以解决当前教育中出现的一系列问题。

二、高中思想政治课教师实施人文教育的自觉性还不够

对于正在如火如荼展开的新课改，半数以上的教师持积极适应的态度。有12%的教师对此次课程改革持消极态度，如认为新课标中提出的“关注思想政治课的人文价值”无多大必要，不切实际，认为新版教材不如旧版教材好。而在赞同关注人文素质培养的教师中，比较集中的观点是认为现行教材中有一些文化方面的内容，但分量太少，且专业化程度高，对提高学生的学习兴趣作用不大。要改变现状，首先要改革高考，改革教育评价机制。

新课改理念要求教师在关注教学结果的同时，更要关注学生的情感、态度、价值观。但教师往往只关注知识的传授、考试的分数，而忽视了对学生的情感、态度、价值观的培养和塑造。出现这种情况固然与教师的教育理念没有及时转变有关，但更重要的是教育主管部门、学校、社会对教师的评价仍然是以考试分数、高考实绩为标准。这样，新课改的实施不可避免地出现“穿新鞋，走老路”的情况。

同时，教师在日常教学中应该通过提高自己的个人修养，对学生的世界观和人生观进行一种渗透，通过情感的感化，帮助学生去理解高尚的道德准则，为学生的成长与全面发展提供一种指引。

综上所述，新课标中所渗透的人文精神和教育理念值得每一位教师去仔细地研读和体会，并切实地贯彻到日常的教育、教学工作中去，促进学生全面、健康地成长。

三、没有形成切实可行的培养学生人文素质的方法和途径

调查表明，高中政治教师对于如何在课程教学中实施人文教育普遍感到很困惑，因为还没有掌握系统的实施人文教育的有效方法。

在高中生成长过程中，高中思想政治教育承担着重要的责任，不仅是知识的传授、能力的培养，更重要的是承担着培养学生的思想素质、政治素质、道德素质以及世界观、价值观、人生观的责任。新课改对此提出了明确要求，这些已经超出了传统高中政治教育的范畴，仅仅依靠单纯传授知识的传统课堂教学是不够的。

加强高中生人文素质教育是一个循序渐进的过程，不可能一蹴而就。它需要全社会给予高度重视，更需要得到教育决策部门的高度重视，还需要教师的一致认同、综合协调、切实推进，探索总结出符合新课改要求的人文教育的有效途径。

第三节　新课改下影响高中思想政治课人文教育的因素

当今我们的学校教育以自然科学为主导，不可否认，没有把人文教育放到应有的位置上。在教育过程中，人们首先想到的是如何把学生培养成一个对社会直接有用的人，如工程师、医生、律师、会计师或技术工人等，以适应现实社会的选择。这样，学生即使认知能力得到培养，实践能力得到发展，成了某一方面的“才”，但没有真正成“人”。而导致某些中学生人文精神缺失、成为教育的失败者的原因，主要有社会原因、教师原因、学生和家长原因以及学校原因等。

一、社会原因——市场经济的负面影响有碍高中生人文素质的提高

为什么有时物质生活的富足反而更不利于人的健康成长，而艰苦的环境反而对一个人的成长起促进作用呢？我想，这里有一个非常重要的原因，那就是不同环境下的精神成长氛围对人的影响不同。这种不同说到底是人成长的人文环境不同。

我们这一代人的童年处于20世纪七八十年代，我们学习、生活在贫困落后而且非常闭塞的农村。物质非常匮乏，生活设施简陋，劳动、学习的条件是非常差的。但那时的社会风气非常好——家家户户大门敞开，不会丢失一针一线；邻里关系和睦，就像一家人，有困难了大家都会来

帮忙。社会风气良好，人们心灵淳朴，这种良好的社会精神成长氛围对人的成长起积极的促进作用。而如今，一些地方风气每况愈下，孩子成长的精神土壤环境被“金钱”污染。显然这种氛围对孩子的成长是非常不利的。

还有一点要引起我们注意，就是人的成长需要一定的精神动力推动。正因为我们那时的条件艰苦，所以迫使我们产生一股追求更好生活、摆脱贫困落后的精神动力，促使我们培养出一种不怕困难、吃苦耐劳的精神，锻炼出一种把压力变成动力的韧劲，现在孩子的成长过程正好少了这种精神动力。一个人在成长过程中没有良好的精神状态和动力是不可想象的。现在很多孩子在这种养尊处优的生活环境里，没有任何的压力，什么事情都由父母给安排好了，他们感受不到成长中的满足感、成就感。

随着社会的进步和发展，人们越来越关注对人的根本问题的思考。科学技术的飞速发展给人类带来了巨大的物质财富，然而人们在享受科技带来的物质文明的同时，却也充满了忧虑和困惑：盲目追求物质享受使人们精神空虚，价值关怀消退了、耗尽了，人类精神处于萎缩状态；物欲的膨胀造成了人的精神危机。在我国，市场经济在给人们带来巨大物质财富的同时，也使得一些人用非常功利的标准来审视教育，认为人文学科没有即时价值，不能带来明显的效益。在教学中忽视人文学科，对学科中蕴含的人文精神开发重视不够。

当前社会上拜金主义、享乐主义和极端个人主义的腐朽思想对涉世不深的高中生影响很大，也造成了高中生人文素质的下降。改革开放的不断扩大和深化，社会主义市场经济体制的逐步建立，给我们的经济建设和社会发展注入了巨大的活力，但我国目前仍处于转轨时期，由于经验不足、法制不健全、执法不力等，引发了一系列负面效应，如自私自利、金钱至上、损人利己、见利忘义等错误的观念不断侵蚀着学生的灵魂。

在人文精神缺失的情况下，金钱、权势、名声等因素纷纷出位，在不同程度和不同范围内成为人们评价人和事的标准，甚至某些人并不视腐败为罪恶，他们以能参与其中而沾沾自喜；“笑贫不笑娼”的逻辑在城市角落的霓虹灯下一再演绎；含辛茹苦的父母在孩子长大以后，独自吞咽着生活的酸楚……国民人文内涵的贫乏，随着社会经济的快速发展，不仅没有得到改进，反而为世界侧目。“请勿大声喧哗”“请勿随地吐痰”等中文标语贴满世界各大都会的机场、车站、卫生间，并不意味着汉语的辉煌，实际是对我们5000年文明史的强烈反讽。造成这种现实的因素有很多，但市场经济的负面影响是造成公民人文素质不高的重要原因之一。

从国情看，我国目前仍处于社会主义初级阶段，社会生产力水平还比较低，整个民族的科技水平、文化素质还不高，社会主义法制还不完善，加之家庭及周围环境的影响，从小接受的人文素质教育有限等，都使我国的高中生人文素质偏低。

二、教师原因——教育观念落后，对新课程理念理解肤浅、片面

新课标对思想政治教师的综合素质提出了新的更高的要求。

新课标强调：本课程要坚持马克思主义基本观点的教育，以“三个代表”重要思想为指导，紧密联系中国社会主义现代化建设的实际，采用新思想、新观点、新论断；要重视高中生在心理、智力、体能等方面的发展潜力，尊重学生个性差异，帮助他们认识正确的价值标准；要关注学生的情感、态度和行为表现，倡导开放互动的教学方式与合作探究的学习方式，使学生在充满民主气息的教育过程中，提高自主学习和发展的能力。

由此可见，新课程教学需要一种全新的教育理念来支撑，需要教师转变传统的教育观念、教学思想。但在高中思想政治课的实际教学中，一些教师的教育观念与新课程教育理念格格不入：有些教师对新课程的教育理念、目标等领会不深，理解肤浅。例如，为了贯彻新课标“启发

学生积极思考”的意识，将“启发式”教学片面理解成“问答式”教学，教学的大部分时间都用来向学生提问，而学生能够回答的无非是“对”“是”“不对”“不是”等毫无启发性的答案；还有些教师讲起新课程理念来头头是道，一旦落实到实际教学中，却又走上了传统应试教育的老路。这说明高中思想政治教师的素质与新课标的要求之间还存在较大的差距。

与此同时，一些高中政治教师未能正确认识和处理教书与育人的辩证关系，关注更多的是学生世俗的前途，关心学生在高考中能够拿到多少分数，很少关注学生的心灵。我们的政治教师总是扛着“科学主义”的大旗，就知识、能力训练题中该选哪一个题支，为什么要选等问题作讲解前的酝酿。一方面使知识、能力训练陷入了繁琐的哲学论证，另一方面对学生心灵、智慧的开发，对人性情的陶冶，对学生人格与个性的教育则非常冷落。这就限制了高中生人文素质的培养和全面提高。

根据我对江西省高中政治教师进行的问卷调查显示，我们政治教师在新课改中存在一些问题。一是对新课改的意义认识不到位，很多教师持不关心的态度；二是部分政治教师对新课程模块内容不太了解；三是教师进行教育科学研究的积极性不高，甚至有的政治教师从未进行过教育研究。

三、 学生和家长原因——功利性的教育思想对人文教育的影响

针对学生、钱、家长的问题，我曾经写过一篇叫作《家长，请管好家里的钱》的小文章——

前不久，一位学生家长来访，他告诉我，自己放在家里的1000元钱，有100元“不翼而飞”了，他怀疑是自己的女儿拿了。但不管他如何开导和教育，女儿就是不承认，甚至以死相威胁，借此来洗刷自己的“清白”。巧合的是，隔了几天，另一位家长向我反映，他儿子书里夹着一张百元大钞，里面还有一张小纸条，上面写着要他保管好钱，但他的

儿子无论怎样也不肯说出这钱的来历。直到我分别对两位学生进行耐心细致的教育，并向他们保证，过去的事家长不会再追究，并且我也会帮他们保密，这两位学生才把事情的真相说出来。原来，这100元钱确实是那位女同学的，为了使家长拿不出证据，她才把钱藏到那位男同学那里。而且，据家长讲，她拿家长及亲戚家的钱并不是第一次了。

从平时的教育工作中，我所了解到的这样的例子还有很多。我想，之所以出现这样的事情，除了孩子不听话、品德教育欠缺外，还有一个重要原因，就是我们的家长没有注意对家里钱的管理。据了解，一些家长在家里放钱很随便，零钱随便放在抽屉里，孩子今天拿几角，明天拿几元，家长根本不知道。孩子拿了小钱没有被发现，结果胆子越来越大，发展到几十几百都敢拿。根据我的调查，在我班上，承认曾经随便拿过家长钱的达四成多，经常拿的竟高达三成，而且大部分家长并不知道，这一结果令人触目惊心。

家长应该知道，现在的孩子对钱是比较敏感的，他们的心理发育尚未成熟，很难抵挡住钱的诱惑。特别是当家长失去对孩子有力的监管时，孩子就会对眼前容易得手的钱“下手”。事实告诉我们，孩子手里的钱多了，并不是什么好事情。问题因钱出，错误因钱犯，诚信因钱失。很多学生有了“外快”，就偷偷摸摸上网玩游戏、买零食、给同学送生日礼物等，这对他们养成良好的思想品德和行为习惯会产生不利的影响。因此，家长千万要注意管好家里的钱，为孩子营造一个纯净的家庭环境。同时，各级学校也要加强对学生的诚信教育，加强对学生艰苦朴素良好品质的培养，促进他们身心的健康发展。

未成年学生对钱是非常敏感的，一旦被金钱所迷惑、所吞噬，我们的教育就会很被动。家长怎样管好钱、怎样引导孩子用钱、有怎样的金钱观将直接对孩子产生影响，甚至影响孩子的一生。

随着现代社会经济的高度发展，物质文明成为人类进步的一个显著标志。但物质的享受、生活的富足也带来了某些消极的因素，不少高中生缺乏明确而崇高的政治信仰和远大理想，他们重视物质利益，自我意识膨胀，追求个人享乐，缺乏相应的社会责任感和义务感，表现出令人担忧的人文素质。不可否认，当今高中教育正朝功利主义或实用主义的方向倾斜，而忽略了其应有的人文关怀和人文精神。这就使得人们不得不审视自己的行为，审视教育中存在的问题。因而，人文素质教育日益受到广大教师和教育工作者的重视，成为素质教育中一个亟待加强的方面。

在高考制度下，一些学校和教育机构用非常功利的目的和手段去发展教育，把分数和升学率作为评价学生和学校的标准，忽视对学生人文精神的培养。这就使得学生和家长也带着功利性的目光看待当今的高中教育，影响了人文教育的效果。

在我国，考试一直有其独特的地位和作用，它是进行教学评价和选拔人才的一种手段。我国先后多次进行高招考试制度改革，高中生进入大学深造的比例和机会大大增加了。但事实上，由于目前高校扩招给大学毕业生带来的就业压力，反而进一步加剧了升学的竞争，大家都想挤进一些重点大学、名牌大学去深造。在文科中，思想政治是高考中非常重要的一门学科，成绩好坏关键在于学生在考场上的答题表现，因此，学生和家长不会十分关注考试之外所获得的成功与进步。

目前，在我国一些学校，高中思想政治课绝大多数的时间是用来传授解题技巧、培养学生的高考应试能力、帮助学生努力提高考试成绩的。学生和家长认为要通过补课等方式补充加深教学内容，而根本出发点只是为了高考取得更好的成绩，考上理想的大学。

四、学校原因——高中思想政治教育评价对人文素质培养不够关注

高中思想政治教育评价的主要对象有课堂教学、学生及教师。目前的思想政治教育评价在实践中存在严重的理论与实践相脱离的现象。比如，在评价目的上，特别注重终结性评价，对诊断性评价、形成性评价

不够关注和重视；学校评价学生的思想政治成绩在形式上基本是一张考卷，内容就是高考要求的所谓“考点”，学生在学习过程中表现出的情感、态度、价值观、人文素质等隐性内容，评价操作起来比较麻烦，主要是因为这些指标难以量化，孰优孰劣很难精确地区分。另外，很多学校认为这些不是高中政治教育所要关注的，评价这些方面对学生今后成长与学习的意义不大，对学校的利益也不会造成什么影响，很多学校也根本不知道如何去把握人文素质的内涵。再者，人文素质的形成是长期的、隐性的，表现为一种综合素质，在评价上不好操作。而这些因素最终影响了人文教育在思想政治课程中的实施状况。

学校是一个吸纳人才、培养人才的地方。随着新课改的稳步推进和传统应试教育向素质教育的转轨，教育体制不断创新，教育事业不断发展，教育领域也应该提倡新的科学发展观，而其核心就是“以人为本”。我觉得，学校教育的“以人为本”理念，至少应该包括三个方面的内容。

一是以学校校长为首的管理者的人本观，即“以教师为本”的观念。想教师之所想，急教师之所急，解教师之所难，便是这种观念的基本要求。学校的各项具体工作是通过广大教师来完成的，能否充分调动教师工作的积极性和创造性，决定着学校的发展。试想一下，如果校长存在私心，处处为自己的利益着想，不关心教师，甚至藐视教师，以“官”自居，又怎么能使学校的工作走向良性循环的发展轨道呢？使教师工作称心，生活安心，人际关系舒心，是教育管理者应该努力追求的美好目标。

二是教师的人本观，即“以学生为本”的观念。“以学生为本”就要把学生当作教师服务的对象。“一切为了学生，为了一切学生，为了学生的一切。”这句话不应仅仅讲在口头上，而应付诸具体的教育教学实践。有句话说得好：“教育无小事。”学生在学习、生活、家庭上的事，不论大小，我们教师都要去关心、去解决。同时，我们要平等、公正地对待学生，要善于用发展的眼光去看待学生。在教师眼里不应有好生和差生的区分，教师不应戴着“有色眼镜”看学生，在教学中应该因材施教，使每一个学生都能充分、自由地得到发展。更为重要的是，教师应重视把学生培养成一个具有现代意识的人。要做到这些，教师必须转变观念，树立正确的人才观、质量观和教育观。

三是学校的人本观，即“以家长为本”的观念。现在的绝大多数学生都是独生子女，家长对他们“望子成龙”“望女成凤”心切，因而迫切希望子女能够得到学校的优质教育，十分关心子女在学校学习、生活、心理等方面的情况。所以，学校就不能不正确处理与家长的关系。但实际工作中，还存在不少漠视家长的利益、有损家长的言行的行为。就拿学校开家长会这件事来说，很多家长在学校坐“冷板凳”，感到不舒服。提出“以家长为本”，就是要求学校重视家长的意见和建议，关心他们的切身利益，经常有效地与家长协调沟通，与家长一起把教书育人的崇高事业做好。

附：

高中思想政治课人文素质培养状况调查问卷表（教师部分）

尊敬的老师：

您好！

欢迎参加本次调查。本次调查的目的是了解新课改背景下我省在高中思想政治课中开展人文教育的情况，包括在人文教育上的认识、理解和实践，以探讨开展人文教育的主要内容、原则和途径。本次调查的结果仅用于教育科学研究，采用匿名的形式，请您根据实际情况在选择题中用“√”或字母作答，在填空题中用简短的文字作答。

谢谢合作！

“新课改下的高中思想政治课人文教育的现状及对策研究”课题组

调查对象的基本情况

您的第一学历：大专及以下（　　）；本科及以上（　　）

您的年龄：40周岁以下（　　）；40周岁以上（　　）

您现在任教的年级：高一（　　）；高二（　　）；高三（　　）

您所在学校属于：重点学校（　　）；普通学校（　　）

您所在学校位于：省城（　　）；地级市（　　）；县城及乡镇（　　）

1. 高中思想政治新课程非常重视加强对学生的人文教育，您认为有意义吗？（　　）

A. 非常有意义　　B. 有意义

C. 有点意义　　D. 没有太大意义

2. 您觉得人文教育对学生的思想政治学习有帮助吗？（　　）

A. 有帮助　　B. 帮助不大

C. 没有帮助　　D. 对学生成绩有负面影响

您觉得有帮助（或没有帮助）的原因是什么？＿＿＿＿＿＿＿＿

3. 您在思想政治课堂教学中会处理有关人文教育的问题吗？（　　）

A. 非常自觉而且经常　　B. 自觉

C. 进行公开教学等活动时会　　D. 从来不进行

4. 您认为高中政治教师实施人文教育的效果理想吗？（　　）

A. 非常好　　B. 一般

C. 较差　　D. 不好说

5. 您认为影响当前高中人文教育的最重要原因是什么？（　　）

A. 高考制度　　B. 教师的教育观念

C. 社会因素　　D. 教育评价

6. 您认为人文教育采用的最好的教育方式是什么？（　　）

A. 熏陶、感染　　B. 知识传授

C. 榜样示范　　D. 其他

7. 您认为开展人文教育最有效的途径是什么？（　　）

A. 自主阅读　　B. 课堂渗透

C. 研究性学习　　D. 思想政治课社会实践或者活动

8. 您希望开发与思想政治学科有关的课外人文读物吗？（　　）

A. 希望　　B. 无所谓

C. 不希望　　D. 其他

9. 您认为应该从哪些方面开展有关人文教育的内容？（可多选）（　　）

A. 经济生活　　B. 政治生活

C. 文化生活　　D. 生活与哲学

10. 在新课程必修模块中，您认为开展人文教育最难的内容是什么？（选两项）　（　）

A. 经济生活　　B. 政治生活

C. 文化生活　　D. 生活与哲学

11. 选修课可以挖掘哪些人文教育因素？（可多选）　（　）

A. 法制意识和道德伦理　　B. 国家观念与国际视野

C. 创新、竞争精神与诚信意识　　D. 不清楚

您的其他看法或者建议有哪些？______________________________

____

高中思想政治课人文素质培养状况调查问卷表（学生部分）

亲爱的同学：

你好！

欢迎参加本次调查。本次调查的目的是了解新课改背景下我省在高中思想政治课中开展人文教育的情况，包括在人文教育上的认识、理解和实践，以探讨开展人文教育的主要内容、原则和途径。本次调查的结果仅用于教育科学研究，采用匿名的形式，请你根据实际情况在选择题中用“√”或字母作答，在填空题中用简短的文字作答。

谢谢合作！

“新课改下的高中思想政治课人文教育的现状及对策研究”课题组

调查对象的基本情况

你所在的年级：高一（　）；高二（　）；高三（　）

你所在的学校属于：重点学校（　）；普通学校（　）

你所在的学校位于：省城（　）；地级市（　）；县城及乡镇（　）

1. 你想做一个怎样的人？　（　）

A. 道德高尚、受人敬仰的人

B. 德才兼备、为社会作出重大贡献的人

C. 安分踏实、默默奉献的人

D. 像明星一样拥有较多金钱、鲜花和掌声的人

2. 你是否做到了不迟到、不旷课、不迟交缺交作业、不逃避值日与大扫除？（　　）

A. 做到了　　B. 基本做到了

C. 经常没做到　　D. 有时没有做到

3. 你能乐观地面对生活、学习，并且对实现自己的理想有信心吗？（　　）

A. 能

B. 基本上能

C. 遇到困难时，我会觉得无助

D. 自卑，觉得压力特别大，感到前途渺茫

4. 2008 年四川汶川发生 8.0 级特大地震，很多同学都参与了捐款活动，你是自愿捐款的吗？（　　）

A. 完全自愿主动捐款　　B. 受学校老师倡议捐款

C. 受别的同学影响　　D. 不自愿的

5. 看到别的同学穿名牌，用手机、MP3 等，你会怎么做？（　　）

A. 不动心　　B. 劝说别人不要这样高消费

C. 要求父母为自己购买　　D. 与他们进行攀比，显示家里实力

6. 当你班上的同学沉迷于网络而影响学习时，你会怎么做？（　　）

A. 主动帮助他（她）摆脱网瘾

B. 认为是个人的私事，不好干涉

C. 告诉老师和他（她）的父母

D. 认为他（她）不争气，是咎由自取

7. 当你看到教室卫生没有人打扫时，你会怎样？（　　）

A. 主动打扫　　B. 与我没有什么关系

C. 批评没有扫地的同学　　D. 老师要求我打扫时我会打扫

8. 2008 年我国成功举办奥运会，实现首次“太空漫步”，你有什么感觉？（　　）

A. 很自豪　　B. 与我没有什么关系

C. 认为提升了国家实力　　D. 没有什么看法

9. 针对2009年在乌鲁木齐市发生的“七五”打砸抢烧严重暴力犯罪事件，你的看法是什么？　（　　）

A. 十分气愤，强烈谴责　　B. 与我没有什么关系

C. 真正懂得了民族团结的重要性　　D. 我不知道这件事

10. 你在日常生活中是否做到了爱护公共财物和与同学和谐共处？（　　）

A. 完全做到了

B. 基本做到了

C. 做得很不好

D. 我自己的东西都不爱护，更不用说公物了

11. 你能从生活中的小事做起，不做损坏环境的事，自觉地珍惜爱护环境吗？　（　　）

A. 能

B. 基本上能

C. 不能

D. 有时我会不知不觉地做破坏环境的事情

12. 现在环境问题日益严重，你怎么看？　（　　）

A. 具有必然性　　B. 应该纳入法律

C. 没有正确处理人与自然的关系　　D. 与我没有太大关系

13. 关于学生对高中思想政治学习的认识：

(1) 你喜欢高中思想政治课吗？　（　　）

A. 很喜欢　　B. 比较喜欢

C. 因老师而异　　D. 不喜欢

(2) 你觉得目前学到的政治知识在社会生活中会用到吗？　（　　）

A. 会　　B. 可能会

C. 不清楚　　D. 不会

14. 你对人文教育现状的认识是什么？　（　　）

A. 效果不好　　　　B. 效果好

C. 老师有时"作秀"　　　　D. 不知道

15. 你对教师实施人文教育方法途径的看法是什么？（　　）

A. 方法途径多　　　　B. 方法途径少

C. 适合学生　　　　D. 不适合

新课改下，你认为高中思想政治课应该怎样上？

对部分教师和学生的访谈内容摘要

1. 问题：新课改与原来的课程体系有什么不同？

教师：我觉得新课改与原来的体系有四点不同：一是教材整体的知识内容增加了，增加了文化生活部分和一些选修内容，这些都很有必要；二是教材本身素材较少，知识点和理论观点较多，教师上课比较吃力；三是教学方法应该有所改变，新的课程体系非常重视合作学习和探究学习，但是由于学生素质参差不齐，实际教学过程比较难把握；四是非常重视对学生人文素质的培养，增加文化生活模块内容就是一个明显的体现。

2. 问题：你校采取了哪些措施来保证在高中新课程教学中加强对学生的人文教育？

教师：实话实说，目前我省新课改刚刚启动，部分教师还没有完全转变角色，现在主要的任务是熟悉新教材、改变教学方式。当然，我校一直比较重视在课程教学过程中对学生进行人文教育。主要做了两方面的工作：一是加强师德修养，通过榜样示范作用的无形力量去影响学生；二是重视挖掘教材中的人文教育素材，这主要体现在课堂教学的过程中。

3. 问题：为什么加强人文教育需要推动思想政治课的生活化？

教师：随着构建和谐社会和建设全面小康社会理念的不断深入，社会生活更加丰富多彩和复杂多变，时代呼唤"会学习、会工作、会生活、会做人"的创新型人才。而传统教育脱离生活，忽视对学生主体性、自立能力、创造能力的培养，导致学生"能识字不会学习，会考试不会做事，有知识无修养”的弊端日益彰显。思想政治教育同样遇到了实效甚微的困境。因此，适应“服务学生发展需要，服务学生生活需要”的人文要求，推动思想政治课的生活化是必然的趋势和思想政治课教师的基本职责。

4. 问题：你认为如何在思想政治课教学中体现人文教育？

教师：构建以生为本的政治课堂，实践“为了每一位学生发展”的教育理念，促进学生全面、健康、和谐发展；尊重学生，建立民主、平等的师生关系，营造和谐融洽的课堂气氛；采用灵活教法创设宽松和谐的学习环境；引导学生关注社会、关心时事，培养学生的实践能力和创新意识；面向全体，关注每一位学生的成长；关注学生的情感体验、道德生活和人格养成。

5. 问题：你们老师在课堂上是怎样上课的？

学生：我觉得我们的政治老师上课风格比较传统。他是一个 50 多岁的老教师。他上课讲得太多，我们就拼命地记笔记，师生互动比较少。但他讲课很严谨，理论性很强，课堂上经常给我们进行思想教育。我们隔壁班是由一个年轻的政治老师上课，听别的同学讲，他讲课风趣、幽默，课堂上常常笑声不断，师生互动很多，他采用的教学方法也很灵活，大家都十分喜欢听这个老师的课，但是他们的成绩没有我们班的好。另外，我们老师还经常联系时政热点加强对我们的教育。

父母应该懂点心理教育法

俗话说得好，“金无足赤，人无完人”。孩子正处于成长发育阶段，心理和生理很不成熟，存在这样那样的缺点和错误是很正常的。因此，作为父母，应该理智地看待孩子的缺点，千万不能以打骂的方式来解决问题。

研究分析孩子的心理特征是教育孩子的前提。孩子之所以不听话或犯错误，是有其心理原因的。一是孩子没有认识到自己的所作所为是“缺点”，也就是没有正确的“心理认知”；二是孩子的某种内心需要没有得到满足。对于前者，父母必须对孩子进行耐心、细致、反复地教育，帮助孩子认识什么是正确的，什么是不正确的，使孩子有正确的是非观念。其实，孩子很多问题的出现，与我们父母平时教育的缺失是有很大关系的。父母往往没有对孩子成长中出现的一些问题引起足够的重视，久而久之，孩子就有可能形成不正确的“心理认知”，从而给家长的教育带来很大麻烦。

对于如何满足孩子的内心需要，我觉得父母也应该高度重视。孩子往往会提出一些不合理的要求，也正是这些要求给我们父母带来了不快。这时，父母可以采取转移孩子内心需要的方法。比如，孩子喜欢盲目与别人攀比穿着，那父母就可以创造出诸如给孩子买很多故事书的“优越感”来。这样，孩子不合理的内心需要就可以转化为有利于健康成长的内心需要，给父母教育带来莫大的好处。

第四章　基本原则：思想政治课加强人文教育的大方向

人文性是高中思想政治学科的主要性质之一。在教学中加强对高中生的人文教育，是思想政治学科不可推卸的责任。针对目前该学科人文教育存在的问题，解决对策首先是必须坚持人文教育的基本原则。本章旨在从四个方面探讨高中思想政治教学中人文教育的基本原则。

第一节　融入生活与知识学习相统一的原则

从我写的一篇小文章《深圳滨海公园》说开去——

来深圳工作生活近一年的时间了，还真的没有去感受过深圳这座滨海城市的“海味”。

在这个秋风送爽、丹桂飘香的季节里，一家人出去看海，感受大自然的“恩惠”，那会是怎样的惬意？我想，都市快节奏的工作给我们带来的疲惫，会在这海的怀抱中消失得无影无踪吧。

我们坐着公交车来到了红树林滨海公园。一下车，只见到处都是背着大包小包、扛着摄影器材的人们。可以看出，他们中的很多人是从外地来的旅游者。红树林是深圳的一个旅游景点，是游客们来深圳的必到之处。

我们走在红树林滨海小道上，不时看见迎面走来一对对年轻人，说说笑笑，显得快乐无比。伴随着一阵海风吹来，几辆自行车从旁边闪过，我们感到一股清凉掠过。一些说不出名字的海鸟儿不时从我们头上飞过，好像在说：“欢迎你们来到我们家做客。”

我们在小道上走了一会儿，道路变得越来越宽阔了，视线也变得越来宽广了。哦，一个大海湾出现在我们的面前。远远望去，隐约看到对面的楼房被群山环绕，好一派迷人的景象。“香港——香港——”女儿惊喜地叫起来。是的，香港就在我们的眼前，那在我们心目中是一块神圣的土地。

这时，海面上刮起一阵大风，海浪一个接一个从远处拍过来，拍打着岸边的礁石，发出非常好听的声音，就像一组宏大的乐队在为我们演奏乐曲。我们真的有点陶醉了！

海岸边隔一段距离就架着一架望远镜。小孩子们可高兴了，争着吵着要去看个究竟。可是，不管怎么调节，都无法从望远镜中看清远处的风景，只好一个个遗憾地离开。

早就希望与海水有个“亲密接触”，我们走下小道，来到海水边。女儿躬下身子，把小指头放到海水里，接着用嘴舔了舔小指头，发出一句“海水真咸呀”的感叹。此时，凉凉的海风徐徐吹来，一个个小浪花袭来，我们赶紧收起脚，但鞋子还是被打湿了。我不禁想起古人的一句话：“常在水边走，哪有不湿鞋？”

这篇小散文是我2012年11月4日写的。说实话，我很少写散文，因为写得不好。偶尔写，但自己总不能满意。我写文章很难想出比较华丽的辞藻，因为我是比较理性的人。感性且浪漫的人比较适合写散文。不过，我还是热爱生活，喜欢从日常生活中去感受美、发现美，在平凡的生活中回归自然，寻找细腻的生活之美。知识学习本身是比较理性的过程，但如果不回归生活，它就是死的知识，没有什么生命力。所以，我们的人文教育要尽力达到两者的平衡和统一。

生活是培养能力、提高素质的源头活水。高中思想政治课是与生活联系在一起的，我们从高中思想政治课的各模块内容名称便知道新课改下思想政治课的生活性。因此，在高中思想政治课程教学中进行人文教育一定要向广阔的生活开放，要紧密联系生活实际。在思想政治课教学中，要让学生走出书本、走出课堂、走进社会、走进生活。教材是一定历史时期社会生活的反映，因此教材也有可能落后于生活，而离开了生活就没有思想政治课。为了更好地培养学生的人文精神，应注意密切联系最近的生活实际，充分调动学生的生活体验，寻找一个恰当的支点，引发学生的情感共鸣，使学生产生人生感悟，从而完善其个性和人格。

教学内容应紧密联系社会生活，贴近学生思想，贴近学生情感，贴近学生实际，教学设计应有利于学生的实践和探究性学习。教学过程中要关注活生生的现实生活，扩大学生的视野，提高他们的社会适应能力，养成他们探究式学习的习惯。教学要不断改变传统教学注重传授知识的倾向，注意学生已经面临或即将面对的社会问题，从增长他们的社会参与能力的角度来设计教学。高中政治教学一定要有浓重的时代气息，紧紧把握时代的主旋律，瞄准当今时代的最新发展方向。不回避问题和矛盾，对重大的现实问题直面应对，从而增强教学的时代感和生活味，也增加学生的学习热情和探究的兴趣。从内容和形式上吸引学生加入到知识、能力和价值观的建构中来。

在教学中，我们政治教师要关注学生的生活经验与生活体验。课堂教学不要过分拘泥于学科的知识逻辑，以学生的现实生活为原点，关注学生的生活世界，关注学生的生活体验和兴趣，关注时代的发展与变化。注意克服简单说教和成人化倾向，教学内容和形式都应服从和服务于提高学生的社会适应能力和社会参与能力。教师应根据在教材中设计的大量探究活动，把知识的讲授与学生的参与结合起来，把能力的培养与价值观的养成结合起来。

高中思想政治新课程立足于现实，来源于生活，以生活为基础，着眼于学生的发展需求。这种学科知识与生活的密切结合就把对思想理论观点的阐述寓于社会生活之中，把学习也当作学生生活的一部分。学科知识中包含丰富的经济学、哲学、政治学知识，把原理融入生活题材中，与实际生活紧密联系在一起，更易于学生接受和认可。可见，思想政治知识来源于生活又服务于生活。

融合人文教育与科学教育，使受教育者通过人文精神和科学精神的培养，形成个体稳定的心理品质和素质，主要依赖于内化这种主体性活动。因此，在融合人文教育与科学教育的过程中，要始终把融合当作一种重视主体性的创造教育；注重培养学生的参与意识和独立人格，发展学生的主体性和创造性；既重视对学生的课堂教学和知识传授，又强调学生自身的实践锻炼、生活体验、文化熏陶等方面的生活实际。

实践教学是教学计划的一个环节，是课堂教学的一种特殊形式，是高中人文教育生活性原则的重要体现。它不仅有利于提高学生的专业技能，而且有利于学生树立正确的劳动观点、养成良好的劳动习惯、培养艰苦奋斗的生活作风。比如，学生到工厂、企业搞社会调查，能够学习到工人良好的工作习惯、严肃的工作态度、严明的工作纪律、一丝不苟的敬业精神以及团结互助的协作精神等；到农村搞社会调查活动，能够学习到农民丰富的实践经验、勤俭质朴的个人品格，同时也能够体味他们豁达乐观的生活态度。

在教育内容上，进行人文知识与科学知识的融合，必须以生活为纽带，还原知识本来的面目，从而为人文教育与科学教育的融合奠定基础。因为人类知识原本就是一个整体，划分成不同的学科领域完全是人为的结果。如果人文社会科学知识和自然科学知识仍然各自独立或者不能真正地融合，就不能圆满地回答或者正确解决人类将面临的种种社会难题和科学技术难题，不能适应人文科学和自然科学的发展，更不能培养出21世纪高素质的复合型、创业型人才。

案例：

过节，今天我有话要说

1. 背景材料回顾

现如今，我们每年都要过很多节。有国际性的节日，如元旦、三八妇女节、五一劳动节、六一儿童节等；有的人还喜欢过所谓的洋节，如圣诞节、情人节、感恩节等。而从2008年起，国家正式将清明节、端午节、中秋节等传统节日定为法定节假日。从此，中国传统的民族节日得到了国家应有的重视。

走进大型超市，琳琅满目的节日商品摆满货架，弥漫着隆隆的节日气氛——一年一度的端午节马上要到了。今年的端午节怎么过？你对传统节日有什么看法？请参加我们的探究活动——过节，今天我有话要说。

要求：可结合所学的经济与生活、政治与生活、文化与生活、生活与哲学等学科知识进行分析。

注意：本题为开放性题目，主要考查分析问题的能力；鼓励创新，言之成理，持之有据即可，没有标准答案。注意字迹工整。

2. 高中思想政治学科知识与人文教育整合学生成果展示

(1) 端午节是我国的一个传统节日。它蕴含着整个中华民族的风土人情，是民族历史文化的长期积淀。

除了端午节，还有清明节、中秋节、春节等节日。对这些节日文化内涵的深入了解，会对我们产生潜移默化、深远持久的影响。

优秀文化能够丰富人的精神世界，增强人的精神力量，促进人的全面发展。我们要正确对待传统文化，要“取其精华，去其糟粕”“批判继承，古为今用”，要把继承与发展创新结合起来。

端午节文化作为博大精深的中华文化的重要组成部分，需要在文化交流中吸收、借鉴其他民族文化的积极成分，这样做有利于在平等和睦的关系中和其他民族文化进行交流，有利于增强对自身文化的认同和对其他民族文化的理解。

我们要弘扬中华文化，建设中华民族共有的精神家园，就要全面认识祖国传统文化，使中华文化的发展与当代社会相适应，与现代文明相协调，既保持民族性，又体现时代性。(蔡颖淇)

(2) 当今社会，许多中国人提到中国的传统节日，只知道一些节日的习俗，却不知道这些节日的真正内涵、来历，反而对外国的节日非常了解，如情人节、圣诞节、愚人节等。在我看来，中国的传统节日代表了中国的优秀传统文化，也是国家文化遗产，是国家的历史文化成就的重要标志。端午节、清明节等节日蕴含着如此多的优秀传统文化，是不该被国人遗忘或忽视的。对于外国的节日，我们要在继承自己传统文化的基础上包容与接纳。不同的文化之间应该相互借鉴，要坚持以我为主、为我所用的原则。

我个人认为，现代的中国社会已经把一些节日给扭曲了。过节已经成为商家拼命赚钱的一种手段、一个机会。就拿月饼来说，小小一盒月饼居然可以卖到上百元，难道我们都是在用钱买文化吗？而且更令人费解的是，每年中秋节后总有大堆大堆的精美的月饼被丢弃，那是非常浪费的。我们真的不该让自己的传统节日过得如此“怨天尤人”。

让我们好好坚守自己的节日吧。保护好它，别辱没了它的精神。（陈凯旋）

（3）民族节日蕴含着民族生活中的风土人情、宗教信仰和道德文化，是一定文化的长期积淀。庆祝民族节日是民族情感的集中体现。

泱泱中华，拥有5000年的悠久历史，56个民族文化交织，孕育出丰富多彩而又灿烂的文化。庆祝传统节日正是表现传统文化与抒发民族情感的一个载体。每个节日都包含着中华民族的传统精神，承载着中化儿女对祖国的深厚感情。我们应从不同角度让人们了解不同文化间的碰撞与摩擦产生的美感。

随着时代的发展，作为西方文化代表的西方节日渐渐为中国人所青睐。与此同时，我国自己的传统节日却逐渐不被人重视。所以，我们的传统节日也应与时俱进，内容更加丰富多彩，显示其应有的魅力。

如端午节，除了传统的赛龙舟、吃粽子之外，可以举办诸如端午文化展、包粽子比赛等活动，提高人们参与的积极性。清明节可以缅怀先人，但不要因迷信而造成一些不良的后果……

作为中国最重要的节日——春节，国人过得要越发“红火”。商家通过举办购买春联、年货等春节大酬宾活动，赚得盆满钵满，当然也算是一种文化与经济相结合、体现文化生产力的好事。但如果把这么重要的一个节日过得纯粹与金钱挂钩，实在悲哀。春节最重要的意义应该是团圆。

2008年，国家正式将清明节、端午节等传统节日定为法定假日。这从一个侧面告诉人们，过传统节日是我们找回情感、回归自我的一个契机。我认为，放松心情，让自己快乐地过中国节日最重要。（陈自闯）

（4）像端午节这样的传统节日还有很多。民族节日蕴含着许多的风土人情、宗教信仰、道德伦理等文化因素，是民族文化的长期积淀。庆祝民族节日的活动是对民族文化的集中展示，也是对民族情感的集中表达。我觉得，不管是庆祝哪一种节日，都应该和家人或朋友在一起。虽然说端午节最初产生的原因是为了纪念屈原，但在我看来，还是一个家庭团团圆圆坐在一起吃顿饭、共享天伦之乐的好机会。

如果在家，还能体会到包粽子的乐趣。包粽子可是个技术话，首先将洗净了的粽叶卷成一个漏斗状，放一些米、豆子之类的粮食，然后包扎起来放锅里煮熟，闻着香，吃着甜，心里也乐开了花。过节了，家家户户都包粽子，整条街飘满粽香。这就充分地体现了民族节日的特色。文化对人的影响，来自于特定的文化环境和各种形式的文化活动。

过节除了要吃好之外，还要拜访一下亲戚朋友。亲戚朋友如果日子久了不联系，就会变得很陌生，街坊邻居也是如此。由此可见，民族文化影响人们的交往行为和交往方式。

这些传统节日蕴含着许多优秀的文化，优秀的文化能够丰富人们的精神世界，能够增强人们的精神力量，能够促进人的全面发展。（王富）

（5）说起过节，可能大家想到的就是放假和吃团圆饭。过节，能让我们放假，有时间在家休息，更可以“犒劳”自己的舌头和胃——端午节可以吃粽子，中秋节可以吃月饼，腊八节可以喝粥，春节可以吃饺子。不过，我们在吃东西的时候，也应该了解一下这些节日的文化渊源，而不是让“粽子节”成为端午的代名词，“月饼”成为中秋的同名词，“吃饺子，看春晚”变成春节的全部。我们对节日要有所了解，这是我们民族的文化、民族的灵魂。丢弃这些是可耻的，也是可悲的。（李泽朋）

（6）民族节日是一个民族历史文化的长期积淀。庆祝民族节日，是对民族精神的传承，也能显现出本民族文化的特征。因此，在过节中，我们应该体会到节日所包含的精神层面的文化内涵，而不应只停留在物质层面上。

文化与经济相交融。庆祝节日，能够推动第三产业的发展，从而给一些企业和商家带来可观的经济效益。所以，在节日里适当地推出一些商业活动是完全正常的。但也要举办一些健康的公益性质的活动，如赛龙舟。市民在参与的同时，能够获得快乐、收获友情，同时也体会到节日带来的浓厚的文化氛围。

优秀文化能够增强人的精神力量。在庆祝节日时，可以普及一下节日的相关背景，有利于陶冶人们的爱国情操，增强人们的民族自豪感。

积极参加节日中推出的各种文化活动。在参加文化活动的过程中，不仅能增强人与人之间的交流，形成和睦的氛围，还能增长自身的文化见识，提高自身的文化素质，从而提高自身的思想道德素质。

了解先进文化的根本目标是培养一代又一代有理想、有纪律、有文化、有道德的公民，这是提高整个中华民族文化素质的需要。（杨晓波）

（7）端午节是我国的一个传统节日，这个节日应该得到我们大家的重视。

但是近几年来，在西方文化的冲击下，我们的传统文化受到了日益严峻的挑战。西方的圣诞节、情人节、复活节等在青年人眼中的重要程度已经大大地超过了我国的传统节日。造成这种局面的原因不单单只是西方文化的冲击。许多商家鼠目寸光，不停地将传统节日商业化，将端午节的食品粽子和中秋节的月饼炒到非常高的价格，甚至有些不法商家做出毒害人的节日食品。这些都在一定程度上打击了民众的热情。此外，我们的教育部门不够重视对年轻一代进行传统文化教育，导致学生片面地、盲目地追求西方文化也是原因之一。

基于以上观点，我认为，如果想要挽救我们的传统节日，挽救我们的民族文化，政府就必须高度重视，从政治、经济、文化三方面出发，找到问题症结所在并且解决问题。（刘舸扬）

（8）说起端午节的文化内涵，许多人首先会想到屈原。许多地区还曾开展以“屈原颂”为主题的中华经典诵读活动、以赛龙舟等水上体育活动为主的全民健身活动、以除旧迎新为重点的全民爱国运动。但其实这并不是真正意义上的全民参与。

在我看来，“屈原”只不过是一个符号，仅仅在端午节进行爱国主义教育实在太空泛。端午节有两个意义，一是此时正处于天气燥热、瘟疫流行、容易生病的时节，因此它蕴含着清洁环境、保健的意义；二是端午节以吃粽子、龙舟竞渡、诵读经典的习俗纪念屈原，以弘扬爱国主义精神为目的，便有了中国人传递爱国情感、增强民族凝聚力的深层意义。

政府和媒体应积极倡导国人热爱自己的传统文化，提升国人的文化自觉。媒体应提供给人们较为全面的民族节日知识，让民俗文化深入人心。学校的老师也不妨把中国民俗文化知识传播给学生，政府应该多举办一些关于民俗文化的活动。

许多传统节日都成了简单的“吃”的节日，这其实是不正确的。传统节日里面有许多文化内涵，需要我们不断挖掘。文化传承应该把文化内涵和现代生活结合起来，应该让文化内涵更好地融入生活。(徐展锋)

(9) 传统文化具有相对稳定性。端午节、清明节、中秋节等是我国的传统节日，一直流传至今，并没有随着时间推移而消失，说明它们具有相对的稳定性。

文化是民族的，也是世界的。我国传统节日所蕴含的丰富的中华民族文化，也是世界文化的一个组成部分。而传统节日所代表的团圆、平安的精神，不仅影响到本民族的人们，也影响到世界。

精神活动离不开物质活动，精神产品也离不开物质载体。端午节的粽子、中秋节的月饼等具有中国传统特色的饮食，是从古代一直流传至今的，蕴含着丰富的文化。而中华民族的历史文化，也通过粽子、月饼这些物质载体，一直流传至今。(罗紫莹)

(10) 中国是一个有着深厚文化底蕴的大国，端午节是中国的传统节日，传统文化是在长期历史发展中形成并保留下来的，具有稳定性。顺应社会变迁的传统文化不断满足着人们的精神需求，对人与社会的发展产生积极作用。传统节日影响着人们的交往方式和交往行为，影响着人们的实践活动。优秀的文化能够丰富人的精神世界、增强人的精神力量，也能促进民族的融合。(王雨濛)

第二节　牵动思想情感与实现知行转化相统一的原则

从《一张无名贺卡》说开去——

早晨，我像往常一样精神焕发地快步走进办公室。办公室里也像往常一样热闹、忙碌。老师们来得特别早。噢，今天是 9 月 10 日——教师节到了，但老师们仍然忘我地工作着。

走到办公桌前，一张精致的小贺卡赫然出现在我面前。我惊喜于教师节有学生给予我祝福。是谁送的呢？我纳闷。小心翼翼地打开贺卡，几行秀气的字展现在我眼前：

"戴老师，您虽然只教了我一年，但我真的不会忘记您对我的教导。当初对您产生的误解，我向您说声 sorry，祝您教师节快乐！"下面还有一行英文："Happy teachers' day to you！"

是谁送的呢？怎么没有署名？怎么还带着对我的歉意？带着一连串的疑问，我嘀咕着。是忘了写，还是故意不写，为了给我留下悬念？

学生给老师送教师节的祝福，本来是件很好的事情。但当我看到这张无名贺卡时，心情变得复杂起来。是高兴？是遗憾？我说不清。学生毕竟是学生，在自己的成长过程中犯了一些小错误，甚至在老师给他几句善意的批评后，跟老师顶撞几句，也是很正常的事情。老师肯定不会把这样的事情放在心上，然而，学生在这样的日子里郑重其事地给老师道歉，也是我没有想到的。

我猜测写贺卡的同学可能是我原来带的高一（3）班的学生。两年前，学校实行分层教学，安排我担任B层班高一（3）班班主任。初次担任高中班级的班主任，又是带B层班学生，难度可想而知。班上50多名学生，性格各异，大部分同学的学习基础较差，缺乏学习兴趣，班级没有活力。同时，班上还有很多女同学心理上存在一定的偏差，甚至整天忙着给笔友写信，不把精力放到学习上。我分析班情，琢磨着每位学生的心思。课后，我经常找一些学生谈心，与他们谈学习、谈未来、谈理想。有时，我也带他们到学校电脑室上网，让他们掌握网络知识，告诉他们怎么使用电子邮件，怎么运用网络上的有用信息为自己的学习服务……总之，我在尽最大努力走进学生的心灵深处。功夫不负有心人，虽然班上同学的学习成绩没有太大起色，但大部分同学与我建立了很深的感情。当然，也有极少数同学还是很难与班集体融合在一起。我想写贺卡的会不会就是那几个同学当中的一个呢？

办公室里坐满了老师，我试图通过辨认字迹找出无名贺卡的主人。“可能是周王薇薇。”“像漆玲的字。”“好像是转到宜春职业技术学院的毛丽云的字迹。”……我请原来高一（3）班的几位任课老师仔细地辨认着、猜测着。到底贺卡是谁送的，我心里还是没有底儿。

我找到原来班的班长漆涛同学，要他到班上了解情况，看看是谁给我写的贺卡。几天过去了，漆涛同学反馈消息过来说，班上的同学没有人写贺卡给我。

事情过去很久了，始终没能找到贺卡的主人。虽然挺遗憾，但是我又想，学生在一天天地成长，他们在反思着自己与老师的交流过程，反思着与老师相处的点点滴滴。虽然有时学生并不理解老师，但他们同样是有血有肉、富有灵性、充满人情味，而又心地善良的人。不经意间，我发现他们长大了、进步了、成熟了。这难道不是教育永恒的魅力吗？

这是我早些年写下的一个小故事。放在这里我是要说明这样几点意思：一，不管是教师还是学生，本质是人，是人就有思想情感，有七情六欲；二，教师在教育教学中是可以感染学生的，也就是说，教师的思想情感可以带动学生的思想情感；三，学生真正地知道怎样做才能达到人文教育的目的。

人的思想品德的形成和发展是一个长期的、复杂的、细腻的心理变化过程，只有教育者与受教育者的情感不断融洽，形成无缝隙的心理沟通，人文教育的效果才会突显。这就要求我们遵循思想品德和人文精神形成、发展的规律，创造性地开展工作。

牵动思想情感，指教育者在思想政治教育中要以诚相见、以情感人，使学生在满腔热忱的心灵沟通教育中产生强烈的情感与思想共鸣。

思想政治课教学是在教师指导下，由师生相互合作、交互作用、共同劳动的过程。这种教学过程已不仅是简单的知识传授和技能训练，还应是师生情感交流、思想碰撞的过程，而且前者以后者为基础。因此，整个教学过程中，政治教师要注意自身情感的表现和投入。首先，要热爱、尊重学生，以自己敬业爱生之情感染学生，激发学生对教师的热爱，对学习的喜爱之情。这样就能使师生情感交融在亲切、融洽、平等、民主的气氛中。当这种情感上升到一定程度时，就会迁移、扩散、泛化到有关对象上，从而使学生爱该教师所教学科，产生“亲其师，信其道，乐其学”的效应。还会促进学生情感健康发展和健全人格、良好品质的形成。

深化课堂教学改革，要以情促人，以情感人，培养学生的情感体验。要使知和行统一，中间必须辅助以情和意，这是知转化为行的必要条件。在课堂教学中，政治老师除了教给学生一定的基础知识以外，还应该培养学生的情感，让学生在课堂上产生一种情绪体验，在体验中接受知识，在体验中感染情绪，在体验中学会理解。这就要求我们的政治老师不断改革课堂教学模式，不断设计新的情境教学方式，让学生主动地参与课堂教学。

人是具有理性的情感性高级动物。离开了情感需要，人是不可能生存和发展的，人与人的沟通交流在一定意义上是感情的交流。政治老师以思想情感牵动学生的思想情感，就会激发学生内在的驱动力。学生不是一台死的机器，是具有天性、富有活力的个体，他们需要教师的情感投入。得到驱动力和信任的他们就会迸发出无穷的力量，从而获得人文教育的熏陶，更好地实现知行转化的目标。正如前苏联教学论专家卡斯特金所说：“未经过人的积极情感强化和加温的知识，将使人变得冷漠。由于它不能拨动人的心弦，很快就会被遗忘。”他还说：“不考虑学生的情感因素，固然也能使他们学到知识和技巧，但不能引起他们的兴趣，不可能使他们始终如一地保持积极的学习态度。”

新课标更加注重学生的实践活动。通过教师的引导，学生去体会并参与政治课堂的学习，这给学生创造了良好的人文环境，在这种环境的熏陶下能够促进人文素质的成长。而这种人文素质又包含着学生道德、情感、价值等方面的内容。因此，这种人文素质就不仅仅局限在学生的人文精神方面了，还融合了一个健全、高尚人格所应具备的各个方面的素质。

实践证明，把情感与认知相互统一进行教育，是教育的一条真理，是符合教育科学规律的，是培养人文精神必须遵循的基本原则。我们只有把教育教学过程归结为以心理活动为基础的情感过程和认知过程的统一，教育教学才能真正提高效率，才能真正做到培养学生的人文精神，提高学生的人文素质，更好地达到人文教育的目的。

常言道：“精诚所至，金石为开。”尊重人、关心人、相信人，是教育人、说服人、感化人的基本前提。没有情感和信任是难以处理各种人际关系的。教师要和学生建立新型的、融洽的师生关系。师生之间虽有长幼之分、知识多寡之别，但在人格上应是完全平等的。因此，教师要做到诚恳、友爱、民主，以心换心，以情交情，情真理切，情理交融，对学生一视同仁，不分厚薄，虚心听取他们的意见和建议，充分考虑他们的困难与要求，切忌以教育者自居，盛气凌人、动辄训人，或简单粗暴、滥施“拳”威，造成师生的隔阂或对立，影响教育效果。要了解学生心理，就要从影响学生心理健康发展的敏感处入手，与学生进行沟通和交流，促进其对自身的认识和调控，消除学习和生活中的一些疑虑，将他们各方面的心理淤结化解在萌芽状态，让他们开启心扉，消除芥蒂，提高素质，健全人格，从而顺利实现由高中升入大学或走向社会的人生过渡。而这些措施的出发点和归宿就是为了更好地实现知行转化目标。

在高中思想政治课教学过程中，学生从知到行的转化是一个变化发展的过程，包含知、情、信、意、行等要素。知，就是在教师的指导下，学生对马克思主义基础知识和社会主义的法律规范、道德规范有一个全面的认识。这是一个从不知到知、从少知到多知、由浅入深的发展过程。情，就是学生根据一定的思想政治观点和道德标准对自己或他人的行为进行价值评判时产生的一种情绪体验，即人们在是非、真伪、善恶面前所具有的情绪体验。信，即信念，指学生在认知了某种理论并对其产生强烈的情感后，对这种理论的真理性所表现出来的一种确信不移的态度。意，指意志，是为达到某种目的而产生的一种精神力量，对人的感情和行为起着调节作用，具有坚持不懈的特点。行，指人们的行为习惯。它是在一定的政治观点、道德信念和思想情感的指导和支配下取得的。这是衡量一个人思想品德好坏和政治觉悟高低的重要标志。

知行统一的“知”，既包括知识，也包括知识的应用，即能力。只有将知识、知识的应用和行动、行为表现联系起来，才能真正做到“有所知便有所行”。“行”是觉悟的标志和最有效的检验，真正的觉悟都要落实到行。在知行的转化过程中，首先要解决“知”与“不知”的矛盾，“知”成为完成转化的第一个要素条件。同时，一种相对稳定的思想政治倾向和道德行为习惯的形成，总是以一定的信念或信仰为前提条件的。“信其道”，才能“行其事”，因而这个转化还需要解决“信”与“不信”的矛盾，“信”成为完成转化的另一个要素条件。而一定的信念或信仰又总是包含着强烈的情感因素在内，所以，“情”也是完成知行转化的一个不可或缺的要素和条件。

此外，要使正确的思想政治观点和道德规范见之于行动，不是一蹴而就的事，它需要一个过程。在这个过程中，学生既要抵御住客观外界的种种干扰因素，又要克服自身以往养成的一些不正确的行为习惯，于是，培养意志和毅力就显得特别重要。“意”成为完成从知到行转化的又一个重要的要素和条件。在从知到行的转化过程中，高中政治的基础理论、观点或者原理，是学生形成正确的道德观、人生观、政治观和世界观的认识基础。没有这一认识基础，情感、信念、意志和行动就失去了根基。要使学生获得这种认知，教师必须讲清楚马克思主义的基本概念和基本原理，即不仅要让学生知道“是什么”，而且要使学生知道“为什么”，掌握所学理论的精神实质。

在高中思想政治课的教学过程中，要使学生对知识进行认知，然后通过一系列的心理活动转化为理性的行为（即通常所说的知行转化），就必然要求政治课教师对学生个性心理变化的特点作一个比较细致的了解。高中生正处在从童年走向独立的人生道路的形成期，他们的身心都在对知识理解、掌握、运用的过程中不断发展，并逐步形成完整的人生观和世界观，进而形成完整的性格。他们在接受知识的同时，辩证逻辑思维能力在不断发展，并且自我意识不断增强，思想政治课教师如何利用这一时期学生个性心理的变化特征，抓好他们的知行转化，培养其形成健康的人生观、世界观，树立远大的理想，直接影响政治课教学的效果。

通过引导学生参与活动，在活动中实现知行统一。知识只有在活动中才能得到应用，知识只有在活动中才能得到升华，知识也只有在活动中才能得到检验。要让学生将所学知识转化为行为，教师就必须设计一些活动来强化他们的内心体验。政治教育的活动是多种多样的，可以是参观，也可以是讨论辩论，还可以是到社会中参与各种劳动。这样，通过多种形式的锻炼，可以让学生把知识不断地运用到行动中去，最终达到思想政治课教学的目的。

高中生正处在人生发展的高峰期——青春期，这是他们从儿童向成年过渡的“心理断乳期”。在这个生理和心理日趋成熟的阶段，他们的自我意识、社会认同感、社会意识都得到了增强，在心理上也产生了各种需要。他们热情活跃，表现出强烈的责任感、荣誉感、参与感。而长期以来的思想政治教学是一种封闭的、孤立的教学，缺乏富有情感色彩的社会活动，很难完成既定的教育教学目标。因此，在思想政治课教学过程中，应让学生运用多种感官参与学习活动，让学生在实践中逐步形成对事物的正确认识，加深对政治理论的理解，并培养其分析问题、解决问题的能力，从而激发学生主动学习的内驱力，牵动其情感需求，并在实践中与知行转化统一起来。

案例：

“神舟九号”与“天宫一号”实现载人交会对接

1. 背景材料回顾

“神舟九号”飞船于2012年6月16日18时37分从酒泉卫星发射中心发射升空，先后与“天宫一号”目标飞行器在轨成功进行了两次交会对接。第一次为自动交会对接，第二次由航天员手动控制完成。在轨飞行期间，航天员景海鹏、刘旺、刘洋按计划开展了一系列空间科学实验和技术试验，取得了丰硕的成果。29日10时03分，在经过近13天太空飞行后，“神舟九号”载人飞船返回舱顺利着陆，航天员景海鹏、刘旺、刘洋安全返回，“天宫一号”与“神舟九号”载人交会对接任务获得圆满成功。中共中央、国务院、中央军委致电祝贺。温家宝宣读了中共中央、国务院、中央军委的贺电。

温家宝总理说：“总装备部、工业和信息化部、国家国防科技工业局、中国科学院、中国航天科技集团公司、中国航天科工集团公司、中国电子科技集团公司并参加‘天宫一号’与‘神舟九号’载人交会对接任务的全体同志：欣悉‘天宫一号’与‘神舟九号’载人交会对接任务取得圆满成功，中共中央、国务院、中央军委特向胜利完成这次任务的航天员，向所有参加这次任务的科技工作者、干部职工和解放军指战员，表示热烈祝贺和亲切慰问！

“‘天宫一号’与‘神舟九号’载人交会对接任务的圆满成功，实现了我国空间交会对接技术的又一重大突破，标志着我国载人航天工程第二步战略目标取得了具有决定性意义的重要进展。

“这是建设创新型国家取得的新成就，是中国人民在攀登世界科技高峰征程上铸就的新辉煌，是中华民族为人类探索利用外层空间作出的又一卓越贡献，对于增强我国综合国力，振奋民族精神，鼓舞和激励全国人民奋力夺取全面建设小康社会新胜利，不断开创中国特色社会主义事业新局面，具有重大而深远的意义。全体航天人建立的丰功伟绩将彪炳史册，祖国和人民永远不会忘记!”

2. 问题探究，各抒己见

结合以上材料，运用所学高中思想政治学科知识，对“‘神舟九号’与‘天宫一号’实现载人交会成功对接”这一话题发表看法。

3. 高中思想政治学科知识与人文教育整合学生成果展示

(1) 文化与经济政治相结合，文化是经济的反映，又可以反作用于经济。“神舟九号”发射，顺利实现与“天宫一号”的对接，这是科技成果，是文化的巨大成就，会对我们的未来产生深远持久的影响。

发展载人航天事业是要有一定的经济实力作后盾的。同时，它也必将对经济的发展产生一定的影响。因此，花费再多的钱也是值得的，它让世界知道中国的经济和科技方面的实力。(李伟城)

(2) 通过这件事我想到了：“神舟九号”的成功发射是我国载人航天工程的一个重大突破，有利于提高我国的综合国力和国际地位。文化与政治经济相结合，科技是第一生产力，科技力量的强弱影响国家的实力。

人在客观规律面前并不是无能为力的，人可以在认识和把握规律的基础上，根据规律发生作用的条件和形式利用规律，改造客观世界，造福人类。“神舟九号”进行的科研工程，有利于人们认识规律，改善生活，造福人类。

这次活动是一次创新，能推动我国科技事业的发展。文化创新推动社会生产力的发展，推动生产关系和社会制度的变革，推动人类思维和文化的发展。而创新是在实践的基础上产生的，正是国人长期努力的实践活动，才有了现在的创新成果。(杨鹏城)

(3)“神舟九号”载人飞船发射升空，顺利实现与“天宫一号”的对接，体现出我国航天科技事业做出的极大成就和国家经济实力。这也从一个侧面证明我国改革开放的方针政策是完全正确的、明智的。当年邓小平提出改革开放的方针政策，极大地调动了我国人民的积极性和创造性，充分发挥了人的主观能动性，对社会发展起到了极大的推动作用。

“神舟九号”发射成功，说明规律具有客观性，是不以人的意志为转移的，人们可以发现规律，利用规律，改造客观世界。我们的科学家正是认识了客观规律，不断突破，不断地努力，才顺利实现“神舟九号”与“天宫一号”的对接。

文化发展的实质，就在于文化创新，我们要加强文化创新。量变是质变的基础，质变是量变的必然结果。我国科研人员正是注重了量的积累——科学知识的积累，不断地掌握客观规律，才有了“神舟九号”与“天宫一号”的交会对接。（刘家豪）

（4）科学发展观的本质和核心就是坚持以人为本，把人民的利益作为一切工作的出发点和落脚点，不断满足人们多方面的需求，实现人的全面发展。“神舟九号”顺利实现与“天宫一号”的对接，体现出在高速发达的信息技术时代我国在航天科技方面取得了重大成果。

文化与经济相互交融。在经济发展中，科学技术的作用越来越重要，“神舟九号”顺利与“天宫一号”成功对接，验证了中国航天科技的进一步发展，反过来也会推动我国经济、文化等方面的繁荣和发展。（何清）

（5）文化发展的实质，就在于文化的创新。社会实践是文化创新的源泉和动力。“神舟九号”飞船发射成功并与“天宫一号”实现对接，说明我国科技水平提高，而科技水平的提高是以文化创新为基础的。

规律就是事物运动过程中固有的、本质的、必然的、稳定的联系。规律是普遍的、客观的，是不以人的意志为转移的。它既不能被创造，也不能被消灭。“神舟九号”飞船发射升空并顺利实现对接任务，说明科技人员掌握了这件事的规律，才使这项任务得以实现。

“神舟九号”与“天宫一号”的对接说明事物是变化发展的。这一事例告诉我们既要对未来充满信心、热心，支持和悉心保护新事物的发展，又要做好充分的思想准备，不断克服前进道路上的困难，勇敢地接受挫折与考验。只有这样，我国的航天事业才会得到真正的发展。

事物的发展总是从量变开始的，质变是量变的必然结果。“神舟九号”与“天宫一号”的对接，可以说明我国在航天领域的发展已发生“质变”，但同时又是我国航天科技纵深发展的一个新的“量变”，这又为实现事物发生新的质变创造了必要条件。在量变达到一定程度时，要果断地抓住时机，促成质的飞跃。这样，我国的航天技术才能始终立足于世界的最前沿。（黄家宝）

（6）“神舟九号”飞船顺利发射升空，与“天宫一号”对接，是我国政府社会主义文化建设职能的体现。

载人航天飞船成功发射也是衡量国家综合国力的重要标志，有利于提高我国的综合国力和国际地位。大力发展科学事业，弘扬科学精神，坚持社会科学和自然科学并重，有利于形成崇尚科学、鼓励创新的良好氛围。

“神舟九号”的成功发射对相关产业起带动作用，有利于拉动经济的发展。这将会带动 500 多项高科技专利技术发明，市场价值高达上亿美元。（连哲骥）

（7）“神舟九号”飞船顺利发射升空，与“天宫一号”对接，是政府在履行社会主义文化建设职能。政府组织发展教育、科技、文化各项事业，是在努力提高国家文化软实力。

载人航天是世界高科技领域中最具挑战性的领域之一，也是衡量国家综合国力的重要标志。“神舟九号”飞船发射成功并与“天宫一号”完成对接任务，可以提高我国的综合国力和国际地位，标志着我国航天技术踏入一个新领域。

“神舟九号”飞船的顺利对接，凝聚着航天人的自主创新、奋勇攻关、不畏艰辛、勇于探索的航天精神。（曾婉文）

第三节　发挥学生个性与培养创新精神相统一的原则

从《多管齐下治理“班霸”》说开去——

“班霸”指班级里的“小霸王”。他们不遵规、不守纪，行为恶劣，甚至勒索打骂同学。在班级管理中，如何教育引导转化所谓的“班霸”，是令班主任老师非常头疼的一件事。可以说，治理“班霸”既是一门学问，也是一门艺术，需要学校、家长和社会的共同努力。我觉得，多管齐下、因势利导治理“班霸”，才会取得教育的实际效果。

首先，要正确认识“班霸”产生的原因。学校教师特别是班主任要用正确的观点看待所谓的“班霸”。“班霸”在一定程度上是教育缺失和“重智轻德”的产物，它的产生与班级和学校的环境有一定关系，同时也与学生受到社会不良风气的影响有关。“班霸”反映的问题其实是个别学生思想品德与心理健康的问题。转化治理“班霸”是班主任工作的难点，反映出班主任工作的能力和水平。它关系到学生健康人格的塑造，关系到良好班风的形成和发展。

其次，要根据“班霸”的性格特点，采用科学的方法，净化他们的心灵，规范他们的行为。记得我原来带的班上有一名学生，学习不认真，行为习惯较差，还经常欺负同学，家长因此伤透了心。但是他有一个特点，班级荣誉感强，还喜欢踢球。于是我因势利导，安排他做班上的体育委员。同时我也积极培养他，经常找他谈心，告诉他如何做好班干部，如何与班上的同学处理好关系，如何使班上的同学真正“服”他。他做班干部后，非常高兴，表现好多了。我问他为什么变化这么大，他说以前没有人看得起他，现在老师看得起他了，他觉得有自信了。从这里可以看出，“班霸”并不是班上的“毒瘤”，他们身上也有很多闪光点。因此，教师要有一双“慧眼”，并对“班霸”给予人性的关怀和信心，毕竟未成年学生具有较大的可塑性。

再次，形成家校和谐沟通的机制。大多数“班霸”的产生，与家庭父母教育缺失密不可分。家长要与学校老师经常沟通，掌握自己孩子的性格特点和学习状况、行为习惯、人际交往状况、心理动态，及时、主动配合班主任做好转化工作，千万不能丧失信心或者以工作忙为借口推卸教育子女的责任。

这里阐述的是我对当班主任时在班级管理过程中经常遇到的棘手问题的思考，并提出了一些解决的办法。我们可以从另外的角度思考，班主任工作与思想政治课都具有德育功能，而面对这种问题，我们进行人文教育时，无疑要把“个性”和“创新精神”两个关键词语写大、写实，并把两者统一起来。

想真正发挥教育功能，就应该加强对学生的个性化教育，而不是奴化教育。这样不仅对学生个人的全面发展具有十分重要的意义，而且对于学生心理的发展和社会的进步也具有十分重要的意义。在过去的传统教学中，教师爱搞“一言堂”，容不得学生的不同意见，总认为自己是学科的权威，不容挑战，从而扼杀了学生的个性发展，使学生不敢对老师讲的内容提出任何异议，不利于对学生创新思维的培养。在高中政治教学过程中，我们在重视对共同的价值观念认可的同时，也不能忽视对学生个体意志品质和独立自主精神的培养。如果不培养学生的个性，就会严重束缚学生的个性发展，扼杀个人独创性。我们的学生就会缺乏创新能力、想象能力和观察能力。

如何培养学生的个性，培养创新思维，是值得我们思考的问题。而新课改的春风给我们带来了新的契机和希望，良好的教育环境给我们创造了培养的沃土，那我们应该如何在高中政治教学中培养学生的个性呢？

第一，培养学生敢于质疑的精神，创设开放的课堂教学情境。

要想培养学生的个性，就要让学生敢于发言，敢于发表自己的看法，对教师的讲解敢于质疑和发问。教师要善于引导学生质疑和发问，或故露破绽，或启发引导，让学生在开放的环境中没有任何束缚和压力，这样才能培养学生的自主性和主动性，进而调动学生发言的积极性，让他们敢说、多说，善于思考问题。教师通过创设开放的课堂教学情境，可以经常引证和发挥由学生提出的观点，对学生提出的创意和设想给予足够的关注、认同甚至欣赏，不轻易地否定学生的思考成果。当学生对于政治知识、原理或者观点的理解出现偏差时，不能以教师的权威压服学生。不论学生的问题多么幼稚，见解多么荒唐，教师都应当理性地、心平气和地对待，并将之作为重要的教育契机，引导学生有条理、有根据、有主见地思考，从而使学生的个性得到健康发展。

第二，尊重学生个性，根据个体差异进行有针对性的教学。

政治课教师要多研究学生的性格、气质、意志、兴趣等，根据其个性特点，施以恰当的教育方法。例如，对性格内向、认真吃苦的学生，要想方设法教给他们活学活用、融会贯通的方法，使他们变苦学为巧学；对性情活泼、兴趣广泛的学生，尽可能教给他们深化知识、夯实基础的方法，使其变浅学为深学；对学习勤奋、成绩优异的学生，则教给他们博学多思、扩大知识面的方法，使其变“学满”为“学而知不足”；对基础薄弱、自卑感强的学生，教给他们制订目标、改进策略的方法，使他们变“厌学”为“愿学”。通过有针对性的教学，可以有效提高学生的理解能力和认识能力。

第三，正确对待差异，实施分层教学。

学生由于主客观方面的原因，即先天素质和后天环境的影响，存在差异，对政治教学的接受能力不同。这种差异是客观存在的，不以人的意志为转移。面对这些差异，任何“一刀切”的做法都是错误的。因此，我们的教学只能根据学生的个体差异去分类要求与指导，也就是要用因材施教的方法。在教学中尊重差异，正确对待差异，把差异当作一种资源来开发，实施分层教学就非常重要了。这需要教师全面观察和分析每个学生，关注个体差异，根据学生个性差异考虑采用什么方法来使学生迅速理解和消化老师所传授的知识。我们需要保护和调动每个学生的学习兴趣和积极性，善于发现和开发学生潜在的素质和闪光点，绝不能用一种标准衡量所有学生，应允许学生发展程度和素质结构上存在差别，然后因势利导，创设有利于学生发挥自己特长、张扬自己个性的学习环境。

我们关注的个性差异就是发现人的价值、发挥人的潜能、发展人的个性，促使个体的智力、才干、创造力得到充分的发展。人的创新精神和创新能力是个性的有机构成部分，亦是个性发展的标志。关注个性差异是在重视人的社会发展的同时注重开发人的潜能，让每一个学生都发挥人人具有的创造性，促进个性充分和谐发展。

个性是创新的土壤，没有个性就没有创新。素质教育的重点就是要培养学生的创新精神和实践能力，在高中政治教学中应体现为使每个学生都能在原有基础上得到全面、和谐与充分的发展，保证学生有充分能动活动的空间和时间，在主动、深层次参与过程中，让学生想创新、敢创新、能创新、会创新，培养学生初步的创新精神，逐渐形成创新的意识和能力。

创新不能光靠精英教育，更需要面向不同个性学生的教育。我们生活的这个时代需要千千万万劳动者的创造，光靠几个杰出人物是远远不行的。我们不能根据考试成绩把学生定为好、中、差生，然后忽视对他们创新精神和能力的培养，这本身是不正确的。因为任何学生都有不同的发展潜力，通过培养都能成为某一方面的创新人才。这就需要我们在政治教学过程中有层次地对学生创新精神和能力进行培养，不能只盯着几名优等生，也不能只看重中、差生的发明创造，而是要通过个性化的教学，使学生形成更好的心理品质，使他们的各项基本素质和能力得到更大的提高，为创新奠定坚实的基础。

人文教育在实践中面向全体学生的同时要坚持差异性原则，也就是在对所有学生都加强人文精神和科学精神培养的前提下，对不同层次、不同水平和素质的学生提出不同的要求。

一要磨炼学生意志，培养良好的道德品质。在思想政治教育中加强人文关怀就是要充分尊重学生个体的成长，尊重学生的差异性和独立性。高中生具有和一般大学生不一样的特性。对一名学生来说，顽强的毅力是不可缺少的，因而思想政治教师应重视对学生坚韧品格的培养，要注重对诚实守信、吃苦耐劳品德的培养，对积极参与、勇于竞争精神的培养，以及对人际关系、自我推销能力的培养。要通过树立典型、挫折教育等方式增强学生发奋成才的信心，使他们以健康积极的心态去面对人生的挑战。

二要以人为本，这是新课改的根本理念。高中生面对的最根本问题是人生道路的选择问题。新课改应更多关注学生深层次的生活需要。促进高中生全面而有个性的发展不是一种口号，而是一种根本的理念，体现了教育民主化的趋势和要求。思想政治教育要面向全体学生，为每个学生的发展提供现实基础，关注每位学生的人生观，引领每位高中生获得顺利通过人生十字路口的钥匙。我们要从学生的角度出发，尊重高中生人生历程的发展需要，尊重他们的人格和尊严，尊重他们的人性发展需要。我们要立足于学生现实的生活经验，以育人为核心，以学生发展为本，尊重学生个性差异，关注每位学生的整体发展。从课程设计到课程实施都应体现人文关怀，体现选择性和多样性，为每位学生有个性地成长、成才服务。

人文教育在发挥学生个性的同时要与创新精神培养结合起来。信息时代的发展取决于人的发展，而人的发展的灵魂和动力是创新。以知识创新为基础的知识经济的到来，把人类社会带入了一个创新的时代，而人所具有的创新能力是任何机器和电脑都无法取代的。因此，创新意识、创新情感、创新思维等构成的创新人格及创新能力，应成为 21 世纪的价值取向，并升华为超越性的精神境界。

发挥学生个性与培养创新精神相统一需要坚持强化主体原则，即以学生为主体。这是以人为本原则在具体教育教学活动中的体现，它要求把学生视为能动的、独立的个体，教师要以宽容、尊重、信任的态度对待学生。过去传统课程教学只是教师单边的活动，忽视学生主体地位的提升和发展。新课程理念认为，学生不是教学活动的旁观者，而是积极主动、生动活泼的主体。他们与教师是积极主动的互动关系。对学生主体地位的重视是思想政治课中人文教育取得实效的重要前提和保证。

强化主体原则有两个基本要求。一是要求教师不迷信盲从，敢于提出、发表自己独立的见解和主张。鼓励、支持和理解学生，对学生用“标新立异”的独特视角看问题，教师应给予特别关注和重视。这样，学生才能充分张扬个性，发掘自己的创新潜能，培养创新精神，展现创新魅力。二是要用宽容、理性的情感分析和评价学生主体作用的发挥。在课堂教学中，他们的表达可能不够流畅，思想观点可能不够成熟，但教师必须对学生充分理解和信任。要让学生认识到，他们是教学活动真正的主人，教师只是教学活动的设计者和引导者，教师的作用无法取代学生。

因此，培养学生个性，因材施教，发展学生创新思维，不仅仅是口号，还应该逐渐成为每一位政治教师的自觉行动。在教学中，教师必须遵循面向全体学生与尊重学生个别差异相结合的原则，实现学生个性发展与创新精神培养的统一。

案例：

我是深圳市市长

1. 问题探究，各抒己见

我们生活在深圳这样一个特大城市里，深圳市人口有1000多万。深圳市是一个特殊的城市，流动人口和暂住人口占总人口的近3/4。如果你是市长，你有什么好的管理举措来为深圳人民服务？

2. 高中思想政治学科知识与人文教育整合学生成果展示

（1）假如我是深圳市市长，我会保障人民民主和维护国家长治久安，我会保护公民的生命安全及合法权益，为人民提供法律保护，积极打击违法犯罪活动。

我还会履行组织社会主义经济建设的职能。我会按照中央的决策，实施正确的财政政策和健全的货币政策。因为只有这样，才能保障经济正常发展，提高人民的消费水平，让人民过上幸福安康的生活。

我还会履行组织社会主义文化建设的职能。对此，我会积极地宣传马克思主义科学理论，组织和发展教育、科技、文化、卫生、体育等各项事业。我的目的是提高深圳人民的思想道德素质和科学文化素质，提高深圳的文化软实力。因为我相信，只有这样，才能更好地培育和弘扬深圳精神。

我还会进一步完善社会公共服务体系。如加强公共基础建设，完善公共卫生设施等方面的建设，完善市场就业机制，扩大就业规模，建立基本医疗卫生制度，提高全民健康水平，建立健全社会保障体系，控制人口增长，促进优生优育，优化环境，构建一个和谐发展的深圳。

当然，我还会加强对贪污腐败的打击力度，建立廉洁高效的政府。让人民真正地了解政府，也让政府官员与百姓积极地互动。只有这样，政府才能更好地服务百姓。（黄壮森）

（2）作为市长，必须为城市的发展出力，政府就必须加强宏观调控。这是因为，加强宏观调控是社会主义市场经济的内在要求。市场调节有着自发性、盲目性、滞后性等严重弊端。加强宏观调控，能促进经济增长、增加就业、稳定物价，最终目的是为了市民的生活更加富裕。

那么，该怎么做呢？深圳是经济特区，30 多年来，发展快速。而今，更要提高开放程度，创新利用外资方式，吸引外资企业到深圳发展。对外开放的深圳，要坚持独立自主、自力更生的原则，所以深圳市政府要做到“政府一切为民”。

深圳市民作为公民，应履行自己的义务，积极监督政府的工作，使政府能完善自己的服务和管理职责。政府除了以经济建设为中心外，还要积极履行其政治职能，打击、惩治犯罪，保卫公民的合法权益；履行组织社会主义文化建设职能，宣传科学理论，提高公民素质；提供社会公共服务，即加强公共设施建设，完善市场就业机制，扩大就业规模，提高医疗保健水平，以保证市民的健康水平。

政府还要不断健全制约和监督机制。市民要加强对政府的监督，因为市民有权知道政府正在做什么，怎么做。政府增加工作的透明度，有利于市民维护自己的合法权益。这样，市民的积极性就会被充分调动起来，也会为深圳的持续发展贡献自己的聪明才智。（陈婷）

（3）如果我是深圳市的市长，我会履行好党的全心全意为人民服务的宗旨，一切以广大人民的利益为中心。作为政府的一员，首先要履行好政府的经济职能，发展本地经济，调控好物价，使人民必需的日常用品价格更为合理，并给予贫困市民一定的生活补贴。其次，政府应履行好文化职能，大力发展本市的文化产业。要在全市范围内开展内容健康向上、丰富多彩的文化活动。再次，要履行好政府的社会公共服务职能。在本市设立更多的公共汽车站点，尽可能地让更多的人方便出行，不再因为公共汽车站点少而烦恼；设立更多的社区健康服务中心，让民众不再浪费大量的时间在排队挂号上，更好地完善社区健康服务中心的医疗设备，使民众得到更好的医疗服务。最后，要履行好政府的政治职能，打击违法犯罪，保护好人民的合法权益，让人们生活得更好，更有尊严。只有做到这些，我们政府官员才不愧对“人民公仆”这一伟大而光荣的称号。（许文俊）

（4）我国是人民民主专政的社会主义国家，实行人民代表大会制度。市长是由人大代表选举产生的，要为人民负责，接受人民的监督。

政府是人民意志的执行者，是人民利益的维护者。政府有四大职能：保护人民民主，维护国家长治久安；发展社会主义经济建设；发展社会主义文化建设以及实行公共服务。

深圳是一个特大城市，流动人口和暂住人口占3/4，要大力加强公共服务建设，如医疗卫生这一人们关注的热点问题。针对如何深化医疗卫生体制改革，如何解决医患双方的矛盾，如何解决看病难、看病贵等问题，政府必须拿出具体有效的措施。

政府要以为人民服务为宗旨，以对人民负责为原则，坚持从群众中来，到群众中去的工作方法。作为市长，要经常下基层，关心了解基层人民群众的困难，努力帮助人民群众更好地解决生活困难。

政府要重视引导流动人口和暂住人口落户深圳，让他们融入深圳这座城市，为深圳贡献自己的力量。

深圳也是一座经济发达的城市。政府财政收入高，但居民收入不均，贫富差距很大，不利于社会和谐进步和可持续发展。因此，必须加大公共服务建设的投入，大力发展社会公益事业、社会保障和社会福利事业。（谢钒）

（5）只有坚持中国共产党的领导核心，才能坚持社会主义道路，才能维护国家统一、民族团结，才能最广泛、最充分地调动一切积极因素，实现全面建设小康社会的宏伟目标。

经济建设要坚持科学发展观的指导思想。社会治安要标本兼治。不得不承认现在有许多走上不法道路的人是被逼无奈的，所以，社会保障救助体系要扩大范围；对工人和劳动者的待遇、劳动环境，要立法保障。

确立最低工资标准，要考虑到基本满足衣食住行的需求。我们不能依靠低工资形成的血汗工厂去与外国竞争，这是不科学的。要加强对劳动者的保护，保障人民的基本权益。

设立各种完善的举报制度，对举报人的信件要完全保密，对贪赃枉法者绝不能手软。政府应该真正成为人民利益的维护者。建立完善的企业工会组织。工会组织领导人的工资不应由企业发放，而应从法律规定的专项资金中发放。工会主席要由民主选举产生，使工会真正成为维护企业职工合法权益的组织。（林家灶）

第四节 实现人文教育的过程与质量相统一的原则

从《多看看学生的进步》说开去——

有考试，就会有分数。受传统应试教育片面评价方式的影响，考试分数几乎成了衡量教育教学质量的唯一“标尺”。于是乎，家长盯着分数，老师看重分数。家长和老师“钟爱”分数，为人儿女、为人学生的未成年学生敢不爱吗？要知道，未成年学生心理尚未成熟，人格尚未健全，他们的行为往往带有浓厚的“实用性”色彩，所以，学生看重考试分数是很顺理成章的事情。但作为家长和老师，我认为，对考试分数必须有一个理性的态度，那就是从考试中多看看学生的进步。

每当考试完毕，我基本上把学生分成两大类：成绩较好的和成绩欠佳的。对于成绩较好的学生，我找他们谈心，首先是引导他们自己分析考得好的原因，如平时课堂知识学习、课外复习准备、考前心理状态等。然后我会在考试分析会上对他们进行表扬，肯定他们的进步，在精神上给他们动力。对于后者，我花的心思就更多一些。事实上，他们一样看重考试分数。这些学生本来就由于考试分数偏低，内心错综复杂的感情很难得到平静。

因此，我通常是不会拿他们与成绩较好的同学比的，因为那样会比掉他们的自信心。其实，从成绩欠佳的那些学生身上也是可以找出某些进步来的。如让他们与自己过去的成绩比，与同等基础的同学比。老师可以帮助他们分析答对题目的原因和做错题目的原因。答错了是由于粗心呢，还是根本就对考试无所谓？通过这些，使他们看到进步，树立信心，找出在知识学习等方面的差距，引导他们努力追求上进。

权衡我们思想政治课程教学中人文教育的效果、质量，是一定离不开教师课堂内外教育教学的过程的。过程中关注的重点是什么，要怎样去关注呢？教学肯定是离不开考试的，而又该怎样看待摆在老师面前的学生成绩？我始终认为，真正的人文教育必须关注人——我们的学生。在过程中关注他们不一样的努力、复杂的心态、点滴的进步。

我们必须关注教师的教学行为，充分发挥教师的主导作用。如教师富有激情和感染力且幽默风趣的教学语言，教师善于使用形象生动的教学案例，等等。但教师主导作用不等于学生主体地位，我们更需要转变课堂教学的方向，关注学生主体地位的形成和转变过程，把学生主体地位与教师的主导作用统一起来。只有在这种理想的课堂中才能真正体现人文教育的价值。

第一，注重学生能力的培养过程。我觉得，知识学习虽然重要，但能力的培养更为关键。在听课时，我非常注意上课教师在讲授知识的过程中，学生如何提高自己的学习能力、提问题的能力、分析问题的能力和解决问题的能力。当然，这肯定离不开上课教师的努力，所以在评课时必须提出来加以肯定和赞赏，因为上课教师有时也未必清楚，所谓“当局者迷，旁观者清”。对于听课中自己认为有欠妥的地方，也要勇于提出来交流，这样在讨论交流中达到反思和提高自己的目的。学生能力真正提高了，教师的教学行为才起到了应有的作用。

第二，注重学生情感、态度与价值观的体验和培养过程。它是新课程理念非常关注的一个问题，可以说是新课改的一个亮点。对上课者和听课者来说都是一个挑战，因为我们过去对它重视不够、研究不多，实践经验就更少了。因此在评课过程中，要诚恳地要求上课教师也来谈谈对这个问题的看法。拿出问题大胆探讨，达到相互交流、取长补短、相互借鉴、共同提高的目的。课后也可以针对相关问题与一些学生进行交流，因为情感、态度与价值观的体验是课堂观察者不易观察出来的，需要通过交流才能达到较好的效果。

第三，注重学生学习方式的转变过程。有句话说得好：“授人以鱼不如授人以渔。”传统灌输式的教学方式已经走入了“死胡同”，新课改追求的是自主、合作和探究式的教学方式。这其实也是我们每位教师在新课改中需要面对的一个难点。教师的教法促使学生在哪些学习方式上发生了转变？这是我们在课堂观察中必须关注的重点问题。我校一位教师在讲授高二生活与哲学有关“量变与质变”的内容时，有一个环节做得很好。他首先在黑板上写了一个“木”字，要求学生增加笔画来改变字形。学生参与度非常高，争先恐后走上讲台，写了很多汉字。然后教师进行引导，让学生自己得出“数量的增减（量变）可以引起质变”的道理。事例虽然简单，但由于改变了教学的方式，起到了较好的教学效果，这给我很大的启发，值得借鉴和学习。

第四，关注上课教师对学生资源的利用和开发过程。有人认为，学生是最重要的资源，这个观点不无道理。学生资源是一种现实的、可感受的“活资源”，它就在我们身边，便于教师取材，也易于学生理解和接受。合理、充分利用好学生资源对提高课堂教学效果大有裨益。在上面那节课中，那位教师在利用学生资源方面也给了我很大启发。在导课教学环节中，他请了三位同学简单讲述自己的成长经历，然后引导学生分析探讨，从而引出要讲授的新课。

总之，我们政治教师要始终关注课堂教学中以上四个方面的转变过程，积极主动地适应新课改的要求。在实践中，教师要推进人文教育发展，并促进自己的专业成长。

新课改要求建立一种与之相适应的新的课程模式——新课堂。我认为，建立新课堂不是目的，目的是真正提高课堂教学和人文教育的质量。但是，质量不会从天而降，它来自于教师符合新课程理念的、能充分地发挥学生学习自主积极性的教育教学过程。可以说，没有这个过程，教育教学质量也就成了无源之水、无本之木了。由此看来，过程是手段，是为质量服务的，而质量是根本目的。要真正推进新课改，就不能离开质量谈过程，也不能离开过程谈质量。成功有实效的课程改革，必须是过程和质量的双赢。那么如何实现二者的双赢呢？我认为应该从以下三个方面来努力。

一是不能标新立异，为“新”而“新”，要体现课堂人文教育和教学的规律性。其实，新课堂并不能否定过去一些有意义的做法。比如，注重导课的新奇，师生的互动，学习的循序渐进，知识能力并重等。新课堂的“新”，我认为主要还在于教师教育教学设计的思路新，以此带动学生创新意识和创造能力的培养。课堂教学是有规律可循的，人文教育和教学的过程是否符合学生的认知规律，教学方法和手段是否扣准了学生的“兴奋点”，讲课是否对学生有情感牵动等，都是我们必须全盘考虑的。采用那些华而不实的“花架子”模式，脱离人文教育和教学规律性的所谓“新”形式，是不可能取得什么效果的，没有任何意义。

二是不能求全责备，盲目效仿，要突出重点，赋予课堂人文教育和教学创造性。新课堂教育教学的创造性，来源于教师的智慧和高超的教育教学艺术。而这种智慧和艺术并不是教师与生俱来的，它需要我们教师在教育新理念的指导下，不断地学习和总结。当然，课堂人文教育和教学的创造性还必须尊重教育教学的规律性。教育教学实践中，我们不可能对整个过程“料事如神”，总会有些偏差。这是非常正常的事，没有什么值得大惊小怪的。因为我们的课堂不是事先搭建的一个舞台，而是等待学生画画的一张“白纸”。“舞台”是固定的，而“白纸”能画出什么样的画则是不确定的。这就为我们教育教学的创造性提供了较大的空间。

三是全面地研究和分析学生的个性和差异，因材施教，把握人文教育和教学风格的时代性。学生的个性和差异是客观存在的。这种差异性会直接影响教师对课堂的控制，从而影响师生良性互动。这样，教师就要从学生当前的实际出发，举的事例，采用的方法，讲课的语言，都应该符合时代的特点。这点上，年轻的教师做得好些，年长的教师可能做得差些。这就可以解释为什么大多数青年教师比较容易接近学生，学生也更喜爱。平时我们就应该多与学生接触，多了解学生的所思、所需、所做，这将对形成自己的教育教学风格大有裨益。

当然，高中思想政治课在实施人文教育过程中，除了坚持以上四项“基本原则”外，还必须坚持社会主义方向，全面贯彻党的教育方针，从高中阶段的培养目标出发，以培养学生的人文精神为重点，造就德、智、体、美全面发展的社会主义事业建设者和接班人，也就是要贯彻人文教育的方向性原则。

坚持方向性原则，就要坚持把德育放在人文教育的首位，要以马列主义、毛泽东思想、邓小平理论和“三个代表”重要思想为指导，贯彻落实科学发展观，加强社会主义核心价值观教育，坚持社会主义荣辱观，加强爱国主义、集体主义和社会主义教育，加强中华民族优秀文化传统教育。

第五章 整合资源：

发掘课堂内外蕴含的人文教育素材

高中政治教材是一种重要的课程资源，但政治教师对课程内容的把握不应仅仅局限于教材，而应广泛扩展到社会经济、政治、文化、外交等一切涉及人文教育的领域中去。

第一节 时代发展、社会进步对青年学生人文素质的要求

以下这篇文章记录了我与网络的“情缘”。网络时代，教育教学资源除教材外，我们还要充分利用网络，开发好网络教育资源，为我们的高中政治课加强人文教育提供有益的素材和手段——

业余时间，我会经常写下一些工作上的思考和体会。我觉得，对问题的思考是最重要的。它能使我思维更缜密、感悟能力得到提高，能使我的思想有一个由量到质的飞跃。自2000年以来，我最大的收获就是与网络结下了难解的情结，对教育问题的思考和体会有了进一步的升华。

2004年，《半月谈》推出“校园话题”栏目后，我非常关注。第5期讨论的话题是“上学，该不该带手机”。我忍不住写了一篇《不可忽视的负面影响》的稿子，并通过E—mail投稿。虽然稿件没能被采用，但编辑老师在百忙之中回复了我，其对待读者的热情态度着实让我感动。第二天，我就利用班会课时间，就《半月谈》预告的话题“如何看待差生”在班上进行了讨论，还要求学生把自己的看法写下来。我又选取了4名学生的稿子，通过E—mail发送给编辑。之所以这样做，是因为我想通过这个平台，一方面调动自己对校园问题的观察和思考；另一方面，我也想借助它，让更多的学生来关心和审视校园中存在的一些问题，提高学生的思想道德水准。让我和同学们兴奋的事情终于来了，我的稿子在《半月谈》第6期发表，而我班李艳艳同学的《“差生”就处处不如人吗》

在第7期发表。在国家级权威刊物上发表作品，这是我校历史上从来没有过的事情，也是我做梦也没想到会发生的事情。

以后的日子里，我一直与编辑老师通过E—mail保持着联系。我常常就在中学教育中遇到的学生健康成长的问题、老师思想教育方面的难题，还有一些对学校做法的思考与编辑老师进行交流沟通。通过沟通，我的思想得到了进一步的升华。

网络给我带来了无穷的乐趣，也给我带来骄傲和自信。我想，如果没有网络，我可能不会取得这么大的进步！

还有一件事情让我很难忘记。去年，《人民日报》视点新闻版推出“未成年人思想道德建设大家谈”专栏，探讨进一步加强和改进未成年人思想道德建设的问题。我把自己写的对“如何走出隔代抚养的误区”这一个问题的一些看法通过E—mail进行了投稿。没想到专栏采用了我的稿件，这让我感到无比的快乐和自豪。当时我高兴得简直无法用语言来形容。

好事接踵而至。我利用网络投稿的关于“如何看待同学之间的有偿帮助”的讨论稿件又发表在《半月谈》上。一直以来，关于师德问题的讨论非常激烈，新时期下应该做个怎样的好老师呢？我写了《好老师，更要懂得怎样育人》这样一篇文章，通过宜春新闻网的论坛，发表在《宜春日报》上。随着素质教育的不断推进，新课程体系逐步发展完善，建立与之相适应的新课堂是摆在我们教师面前的现实问题。针对这个问题进行思考，我写下了《实现过程和质量的双赢》，发帖到“教育在线”，被山东的《现代教育导报》采用刊登……

如今，网络已经成为我生活中不能缺少的一部分了。通过网络，我学到了很多东西，为我做好教师工作助了一臂之力；也正是网络让我插上了思想腾飞的翅膀，使我的教育观念一步步走向理性和成熟。

随着科技的不断进步，社会经济的快速发展，网络时代步步逼近。这是一个信息爆炸的时代，必将对传统的教育教学方式、生活习惯、思想观念等方面产生深远的影响。毫无疑问，高中人文教育也必须适应网络时代对教育改革与发展的要求，必须认真分析和研究应对各种挑战的对策，促进传统应试教育向素质教育的转轨，充分利用网络，作为资源开发或教育的手段。

一、网络影响高中思想政治教育基本要素的变化

应试教育体制下，学生“学”与教师“教”的活动是结合在一起的，有着十分强烈的双边互动性色彩。学生学习的目标就是得到应付考试的知识，教师在很大程度上也是围绕考试而讲授知识的。由于过去的考试往往不注重考察学生的能力，因而对学生能力的培养是十分被动的，效果也是不明显的。在高中教育中，培养学生的人文精神和素质更是一句空话。在网络时代，教育一方面要适应新时代社会改革和经济发展的要求，适应素质教育的需要；另一方面教师的教育教学活动不能仅仅停留在知识讲授层面，更要在培养学生创新精神和实践能力，使学生在思想政治素质上有新的突破。具体来说，网络时代教育过程中的基本要素呈现出以下几种新的变化和特点。

首先，作为教育对象的学生，其思想由单纯性转变为开放性和多变性。过去，由于社会环境相对封闭，学生学习的主要是书本知识，且大部分知识是从课堂教学中获得的，学生面对的是一个相对单纯的教学环境，因而思想变化并不那么剧烈，学生社会化的进程显得较为缓慢。随着网络时代的到来，各种信息泥沙俱下，且信息传递超出时间和空间的限制。比如，像网络游戏、上网交友、聊天，还有网络上的一些充满凶杀、暴力及色情内容的影视片，对中学生的诱惑是很大的。这些内容容易满足学生求新求异的虚荣心理，可以让学生暂时宣泄一下由于学习紧张带来的过大压力，用他们的话来说就是“新鲜、过瘾、刺激”。因而有些学生“乐此不疲”，滑入了难以自拔的泥潭。再加上我国目前各种体制处于改革阶段，改革带来的后果是多方面的，既有成功的一面，也有值得继续探索的一面。再者，青春期学生身心发展表现为动荡性、不平衡

性。这些势必对学生的思想状况产生深刻影响。生活在网络时代的中学生，受网络开放性的影响，思想变得开放，心理必然会有多变性。因而，培养学生科学的世界观、人生观和价值观，提高学生的人文素质就显得更为重要了。

其次，作为在教育教学活动中承担教育责任的高中政治教师，知识结构面临更新，思想观念面临解放。现在的中学教师大部分是在过去应试教育体制下培养出来的，当前，我们的共识是搞素质教育，首先教师（包括校长等管理者）要有素质，这是搞好素质教育的前提条件。学生是被教师影响着的、改变着、塑造着，教师如果没有科学的教育思想，没有与时俱进的创造精神，不可能造就高素质的学生。在网络时代，改革进一步深化，市场经济进一步完善和发展，理论不断创新，制度不断创新，这就要求教师的知识结构要更新，思想要解放。也就是说，当今存在着网络时代的受教育者与网络时代面临知识结构更新、思想观念转变的教育者不相适应这一对矛盾，它的存在势必影响当今的教育状况和教学质量的提高。

再次，网络时代信息的广泛性和开放性为中学教育的教育措施提出了新的要求。教育措施是为实现知识、能力、觉悟三位一体教育目的所采取的内容和手段。从内容上来说，网络时代信息获取极为方便，这不仅包括从教科书上获取的内容，更包括从广播、电视、报刊和互联网等载体获取的知识内容。从教育和教学的手段来说，单纯的课堂“说教”或“灌输”显然不符合现代素质教育的理念，不符合学生身心发展的特点。网络时代的多媒体教学，远程教育技术的应用，开放性的教学活动（如讨论课、社会调查、社区服务等）等，无不给传统的课堂教学手段以较大冲击，促使传统教学模式不断改革创新，建立新的课程体系，创新人文教育的形式。

二、网络给高中政治教育与人文教育的融合带来机遇

1. 网络的运用拓展了高中思想政治教育与人文教育融合的手段

网络为文化素质课程学习环境和学习系统建设提供了最大的便利，是传播学科知识教育与人文教育内容，促进高中政治教育与人文教育融合的新型手段。网络可以扩展学科知识教育与人文教育的时空，能快捷、直观、有效地把一种思想或信息传播开来，能极大地提高高中政治课与人文教育的传播效果和覆盖面。目前，网络已延伸到校园的各个角落，网络可使学生除了从课堂和书籍中获取各种知识外，还能从网络中快速获取大量的知识信息，从而丰富自身的科学与人文知识。通过网络手段，教师可以不断从外界获得大量新的知识与技术，丰富课堂教学内容，增大知识容量；利用多媒体改善教学手段，活跃课堂气氛，增强师生互动，提高教学效果；可以将看上去似乎平淡枯燥的，或者生涩难以理解的内容，通过超文本和超媒体技术展示，使其更加直观化和形象化，更有生机和活力，更加生动和富有感染力，使学生更好地理解学习内容，并获得情感上的体验。

2. 网络的运用创新了高中政治教育与人文教育融合的教育模式

传统的教育模式，教育者与受教育者的信息是不对等的，受教育者被动地在一个相对封闭的环境中接受类似灌输式的教育，很难实现师生的平等交流和学生思想的自由发挥，学生的思维潜能得不到充分的挖掘，学生主体的学习积极性难以被充分地调动起来。

网络技术具有平等性、开放性、交互性和共享性的特点。它在教育领域的应用，打破了教育封闭发展的传统模式，为科学与人文素质教育创设了一种新的教育环境。这种新型的教学模式具有资源共享、交互性强、多任务的特点和丰富生动的教学资源、友好的人机界面等优势，有利于启发思维，开发智能，能便捷地实现师生之间平等的交流和互动，

实现传统的单向传授向双向交互学习的转变。学生可以在网上与教师对某类问题进行深入探讨，提出质疑，可以参与自己兴趣所至、能力所及的问题研究，加强与教师的协作交流，从而激发学习兴趣与热情，充分调动学习的主动性和积极性。教师也可以充分应用与发挥网络提供的同步与异步交互功能，随时了解学生，及时给予学生引导与帮助，使每个学生都能得到最优化的发展。同时，网络有助于展示教师的人格魅力和吸引力，给学生以人文关怀与帮助，使政治学科教学与人文教育得以更加有效地开展，从而实现人才的全面培养。

第二节　新课标和必修模块实质上规定了人文教育的内容

就学科背景而言，新课程中高中思想政治课四大必修模块与选修模块涵盖了伦理学、法学、心理学、社会学、人类文化学、美学、政治学、经济学、哲学等内容，这些学科的核心概念、原理和方法，都是支撑本课程内容意义的基础。

新课标规定了高中思想政治课“情感、态度与价值观”方面的要求。这实际上与我们这里所探讨研究的在高中思想政治课中加强人文教育的要求是一致的，其规定主要体现在六个方面。

（1）理解个人的生命及人生价值。在个人关切与社会进步、祖国命运紧密相连的情感体验中，维护人格尊严。思考怎样才能对社会发展起到促进作用，作为未来成功人士在中学阶段应该具备哪些优秀品质。

（2）热爱生活，亲近知识，向往健康的、积极向上的文化生活，培养高尚、丰富的生活情趣。

（3）对宇宙和一切未知世界充满好奇心，尊重科学，追求真理，注意观察生活，培养科学态度和创新精神。

（4）在勤奋学习、认真做事中磨砺意志，对个人发展有进取心和信心，对未来职业选择有恰当心态，面对困难和挫折有健康的心理素质。

（5）关注现代社会的变化，自觉遵守和维护社会秩序，积极思考、主动表达。在参与社会生活的过程中培养健全的公民意识，培养合作意识。

（6）对祖国和人类社会进步抱有乐观态度，在尊重和理解各民族文化价值的同时，增强民族自信心和自尊感。

一、挖掘经济生活模块中人文教育的资源

高中经济生活模块内容中可进行人文精神教育的契入点如下：

（1）正确对待货币，树立正确的金钱观。货币本身没有意志和感情，它可以为好人服务，也可以为坏人效劳。君子爱财，取之有道，用之有度。

（2）诚实劳动，合法经营。

（3）培养科学利用价值规律、适应市场经济发展的能力和品质。

（4）树立竞争意识，敢于开拓进取。坚持市场交易中的平等、公平、自愿、诚信等原则，整顿经济秩序，打击假冒伪劣。

（5）在市场经济条件下，要学法、懂法、守法、用法。市场经济具有平等性、竞争性、开放性等特征。

（6）“先富”要带动“后富”，实现社会成员共同富裕，维护社会公平。

（7）正确处理公平与效率的关系。

（8）经营者要全面提高素质，要具备良好的思想政治素质、职业道德，遵守市场交易原则，诚实守信。

（9）要正当竞争，反对不正当竞争。

（10）坚持科学发展观与社会主义精神文明建设相结合。

（11）树立劳动者的主人翁意识。劳动者在实现其劳动权利时应坚持权利和义务的统一，履行遵守职业道德的义务。

（12）建立健全的社会保障制度，关注农民、下岗工人等社会弱势群体，做好扶贫济困的工作。

（13）经济全球化实质上是由发达国家主导的。我们要学会运用辩证的观点分析全球化的影响。例如，不公正的国际旧秩序的存在，造成南

北贫富差距拉大，从而威胁全球经济正义。

从上述内容可以看出，经济生活模块对学生人文精神的培养主要是从两个方面着手，一是利用市场调节的优势，维护良好的市场秩序，利用市场经济的本质和特征等内容，培养学生的平等意识、相互尊重的价值观念、独立的主体意识，及张扬自由的个性；二是在处理收入分配及效率与公平的关系中，帮助学生树立效率、发展、竞争等观念的同时，更要引导学生具备公正、正义、诚信、责任等经济伦理观、道德观。

在经济生活模块内容的教学过程中，我们认识到，诚实守信原则既是市场经济中的重要原则，也是加强高中生思想道德教育、落实情感态度价值观教学目标、培养学生人文素质的重要内容。

在学习“公司的经营”这一课的内容时，引导学生认识企业的经济行为不仅要关注经济效益，还要重视社会效益。可以举例“胶囊里的秘密”、2008年震惊全国的“三鹿奶粉”事件等材料，培养学生诚信的品质和社会责任感。课堂上，我们可以结合这两个案例，以“市场经济的发展有利于（不利于）道德的提升”为题进行课堂辩论。在辩论活动中达到“关注社会，明辨是非，树立法治，提高素质”的目的。

胶囊里的秘密

2012年4月15日，央视每周质量报告栏目播出“胶囊里的秘密”，对“非法厂商用皮革下脚料造药用胶囊”这一现象进行了曝光。河北一些企业用生石灰处理皮革废料，熬制成工业明胶，卖给绍兴新昌一些企业制成药用胶囊，最终流入药品企业，进入患者腹中。由于皮革在进行工业加工时，要使用含铬的鞣制剂，因此这样制成的胶囊，往往重金属铬超标。经检测，修正药业等9家药厂13个批次的药品，所用胶囊重金属铬含量均超标。

“三鹿奶粉”事件

2008年9月11日晚，卫生部指出，近期甘肃等地报告多例婴幼儿泌尿系统结石病例，调查发现患儿多有食用三鹿牌婴幼儿配方奶粉的历史。经相关部门调查，高度怀疑石家庄三鹿集团股份有限公司生产的三鹿牌婴幼儿配方奶粉受到三聚氰胺污染。卫生部专家指出，三聚氰胺是一种化工原料，可导致人体泌尿系统产生结石。

9月13日，党中央、国务院对严肃处理三鹿牌婴幼儿奶粉事件作出部署，立即启动了国家重大食品安全事故Ⅰ级响应，并成立应急处置领导小组。国家质检总局派出调查组赴“三鹿奶粉”生产企业调查事故原因，并在全国范围内对同类产品进行专项检查；工商总局加强了对市场上婴幼儿配方奶粉的监督检查；卫生部已组织联合调查组开展对该事件的调查处理，并在全国范围内对可能由此造成的婴幼儿患病情况进行全面调查，同时紧急组织专家研究制订了诊疗方案，其他相关部门也已采取相应措施。公安部门对三鹿牌婴幼儿配方奶粉重大安全事故进行调查，依法传唤有关人员。

12月23日，石家庄市中级人民法院宣布三鹿集团破产。

12月24日，三鹿集团收到石家庄市中级人民法院受理破产清算申请民事裁定书，一切工作按法律程序进行。“三鹿”将由法院指定的管理人（三鹿商贸公司）来管理，管理人将对“三鹿”资产进行拍卖，然后偿还给债权人。这一过程将在6个月内完成。

2009年1月22日，“三鹿”系列刑事案件分别在河北省石家庄市中级人民法院和无极县人民法院等4个基层法院一审宣判。田文华被判生产、销售伪劣产品罪，判处无期徒刑，剥夺政治权利终身，并处罚金人民币2468.7411万元。

教师根据学生的辩论，可以从以下几个方面进行分析讲解。

首先，“三鹿”部分批次的婴幼儿配方奶粉中含有的三聚氰胺，是不法分子为增加原料奶或奶粉的蛋白含量而人为加入的，这反映了不法分子采用假冒伪劣手段欺骗消费者。这是一种不正当竞争行为，违背了市场经济平等互利的原则，严重侵害了消费者的合法权益；体现了市场经济是实现资源优化配置的有效形式，但具有自身的弱点和缺陷，需要国家运用多种手段进行宏观调控。坚持和优化国家对国民经济的宏观调控，是社会主义市场经济的内在要求，也是实现我国经济发展战略目标的可靠保证。

其次，事件发生后，国务院相关部门对此高度重视，对国民经济进行了宏观调控，对经济运行状态和经济关系进行干预和调整，把微观经济活动纳入国民经济宏观发展轨道，及时纠正经济运行中偏离宏观目标的倾向，以保证国民经济的持续、健康发展。

再次，公安部门对三鹿牌婴幼儿配方奶粉重大安全事故进行调查，依法传唤有关人员，表明社会主义市场经济是法制经济。要使我国市场经济这样一个庞大而复杂的系统协调有序地运行，必须将市场主体行为、市场秩序、政府的宏观调控等纳入法制轨道，促使市场经济的规范化和法制化。国家工商行政管理总局发出紧急通知，要求各地采取三项措施，进一步加强奶粉市场监管执法，严厉打击销售假冒伪劣奶粉的违法行为，净化奶粉市场环境，切实保护消费者合法权益。这不仅是社会公平正义的要求，也是捍卫和保护公民人身安全和健康的基本要求。

最后，该事件也说明市场经济需要道德建设。无论是投资者、经营者还是消费者，都是独立的经济主体，需要树立自我负责的道德意识，既要使自己的经济行为尽可能为社会、他人和自己都带来好处，又要笃守诚实守信的道德规范，使整个社会生活更加文明和进步。

用市场上出现的假冒伪劣、故意欠款等失信行为作为背景材料，让学生运用所学知识来分析实际问题，这样使整个教学过程超出了纯粹对知识的把握，上升到了人文精神的层面，让学生体验社会生活、关注社会生活，形成了一种道德追求，达到了人文教育的目的。

在教学“面对市场经济”这一课时，注意激发学生的竞争意识、开放意识和法制意识；在提到农村、农业、农民“三农”问题时，重视培养学生“以热爱劳动为荣，以好逸恶劳为耻”的荣辱观，培养学生热爱农民的深厚感情。班级中来自农村的同学对此有深切的感受，因此可以请他们谈谈现在农村农业的发展，讲讲农民的新变化。老师可以向学生介绍“农民工”这个特殊的群体在现代城市建设中的地位和作用。讲消费问题时，可以列举本班同学中存在的一些追星、攀比、高消费等不合理现象，也列举一些同学喜欢买名牌衣服的现象，引导学生树立科学的消费观，做理性的消费者，改变消费陋习，等等。

二、挖掘政治生活模块中人文教育的资源

政治生活模块内容对学生进行人文精神教育的重点应放在发扬社会主义民主、加强社会主义法治、建设社会主义政治文明方面。主要契合点有：

(1) 国家的一切权力属于人民，人民是国家和社会的主人，要增强公民意识，培养热爱人民的思想情感。

(2) 提高公民民主选举、民主决策、民主管理和民主监督等政治参与的能力，有序参与政治生活，增强社会责任感。

(3) 公民依法享有各项权利并受法律保护。

(4) 公民在法律面前人人平等，要牢固树立宪法观念，必须依法治国。

(5) 政府应当依法行政、合理合法行政，防止行政权力的缺失和滥用，从而培养规则意识、奉献思想、遵纪守法观念。

(6) 中国共产党执政是历史和人民选择的结果；中国共产党一直奉行科学执政、民主执政、依法执政的原则，坚持中国特色社会主义理论体系。这些内容有利于培养学生爱党爱国思想、民主法治观念、创新意识等人文素质。

(7) 坚持各民族平等、团结、共同繁荣的原则，有利于形成平等团结意识与团结协作精神。

(8) 坚持联合国宪章的宗旨、原则，建立公正、合理的国际新秩序，培养学生的国际视野。

一句话，政治生活模块教学主要是培养学生的民主意识、法治观念、权利意识、主体意识、国际视野等现代人文理念。

在教学政治生活模块时，首先要重视培养学生的社会责任感与公民

意识。教师在政治课堂上利用课前5分钟时间，让学生上台参与活动——“新闻发布会”，并对新闻时事进行点评。时事新闻要求与所学内容有关联，与当前生活密切联系。这样不仅能提高学生对社会热点问题的关注热情，有利于增长学生的见识，而且提高了他们运用所学知识分析现实问题的能力，并锻炼了他们的语言表达能力，提高了他们学习的自信，激发了他们学习的主动性。其次，要加强对学生法制观念和法律意识的培养。依法治国不仅仅是依靠一系列制度建设，还依赖于人们对社会公正、秩序的追求，依赖于坚持依法治国和以德治国相结合，这也属于人文教育的范畴。

案例：

2009年“3·15”晚会曝光海量信息科技网盗窃个人信息

这个公开叫卖个人信息的网站叫海量信息科技网，全国各地的车主信息、各大银行用户数据、股民信息等，这个网站一应俱全，而且出售价格也极其低廉。我们仅仅花了100元就买到了1000条各种各样的信息，上面详细记录了用户的姓名、手机号码、身份证号码等。如果说这些信息你觉得还不够全面，一种木马程序一定会让你心惊肉跳，种了这种木马后，你的电脑会在你毫不知情的情况下任人摆布。

通过对晚会中曝光的侵权案例的反思与讨论，学生对依法治国、以德治国的内涵有了更深的理解，同时也加强了自己知法、懂法、守法、护法的法律意识和道德观念。由于在政治课堂中注意了政治课教学和人文精神教育的相互渗透，学生的学习积极性也显著增加了。

三、挖掘生活与哲学模块中人文教育的资源

生活与哲学知识的学习与人文精神的培养有着更直接的关系。该模块内容教学目标就是以培养学生正确的世界观、人生观和价值观为核心，以发展个性和培养创造力，塑造独立个性为出发点与归宿。真正的哲学是时代精神的精华，要求学生能进行正确的价值判断和选择，树立崇高

的理想和信念，确定正确的人生目标和道路。使高中生在认识世界与改造世界的过程中少走弯路；可以帮助他们形成正确的思维方法，锻炼思维能力，激发想象力和创造力。应该说，哲学教育更应着力于对学生人文精神的培养，帮助学生正确认识和处理人与自己、人与他人、人与社会、人与自然的各种关系。

在教学内容上，主要有以下几个人文教育的切入点：

（1）坚持世界物质统一性原理。承认自然界的客观性是正确处理人与自然关系的前提。

（2）重视精神的作用。树立正确的思想意识，克服错误的思想意识。

（3）发挥主观能动性与尊重客观规律相结合。

（4）用联系观、发展观、全面观（矛盾的观点）、价值观等知识分析、认识可持续发展的问题，使人与自然和谐发展、共生共荣；提高运用辩证思维提出问题、分析问题和解决问题的能力。

（5）用认识是不断发展的观点、辩证否定的观点来培养学生的创新意识；用怀疑、批判的勇气与精神，克服迷信与盲从的思想，张扬独立自主的个性品格。

（6）人民群众是历史的主体，是历史的创造者。要树立群众观点，走群众路线。

（7）用价值的创造与实现观点、集体主义的价值观来培养学生的共同利益、共同意志、共同福祉、人类整体福祉、守望相助、责任感、合作精神等人文理念。

（8）通过个人与社会的关系、理想等知识培养学生奉献社会、追求理想与崇高的人文情怀。

比如，在生活与哲学模块第一单元第二课“哲学的基本问题”课堂教学中，我们可以设计题为“金钱能买到什么？不能买到什么”的课堂讨论，引发学生对金钱作用的思考，进而树立正确的世界观。在“创新是民族进步的灵魂”课堂教学中，我们可以以“知足应（否）常乐”为题组织学生进行课堂辩论，引导学生进行正确的选择，提倡树立创新意识。在“价值与价值观”课堂教学中，我们可以以2008年被评为“感动中国十大人物”的青年战士武文斌为例，引导学生在探索真理、追求科学精神的同时，也要健全人格，学会关爱生命。又如，在学习辩证唯物主义观点时，进一步引导学生认识封建迷信的危害，自觉树立辩证唯物主义世界观，做一个彻底的无神论者；谈价值观的导向作用时，结合社会热点，引导学生认识树立科学的生态价值观的重要性，让学生学会关注自然，实现人与自然的和谐发展；谈发展的观点时，不断激发学生的创新精神；等等。

附学生作品：

奥运背后的哲学

在2004年第28届雅典奥运会上，我国总共获得了32枚金牌，居金牌榜的第2位，实现了我国参加奥运会以来的历史性突破。中国在奥运会上取得的佳绩，无不在向世人展示着今日生机勃勃、全面进步、全面发展的中国，同时也在世界的历史上谱写了光辉的乐章。

透过奥运，我们不难发现其中蕴含着种种哲学道理。发达的体育离不开发达的经济和先进的文化，一个国家体育水准的高低和所获金牌的多少是反映社会进步的一面镜子。正所谓：“国运衰则体育衰，国运昌则体育昌”。中国的奥运历程再一次告诉我们，坚定不移地把经济搞上去，是我们成就一切事业的根本途径。从哲学上说，就是要抓住事物的主要矛盾。生产力是社会发展的最终决定力量，社会主义的根本任务是发展生产力。我国是在旧中国经济文化极端落后的半殖民地半封建社会的基础上，经过新民主主义革命而建立起社会主义制度的。我国社会主义初级阶段的主要矛盾是人民日益增长的物质文化需求同落后的社会生产力之间的矛盾。只有牢牢抓住这个主要矛盾，才能清醒地观察和把握社会矛盾的全局，有效地促进各种社会矛盾的解决。发展是硬道理，要用发展的办法解决前进中的问题，这就要求我们坚持以经济建设为中心，各项建设都要服从和服务于这个中心。“科学技术是第一生产力。”中国必须始终不渝地坚持以经济建设为中心不动摇，只有这样，才能为我国成就其他事业提供强有力的物质保障，才能经得住历史的考验。

“台上一分钟，台下十年功。”奥运健儿们在奥运舞台上每一分一秒地发挥，背后都凝聚了无数奋斗的艰难岁月。

在2004年雅典奥运会上，中国姑娘杜丽在女子气步枪比赛中获得了奥运会的首枚金牌，向世人展示了中国女子的勇毅。继而在女子排球比赛中，中国队又夺得了金牌。据有关报道，运动员赵蕊蕊在女排决赛中受了伤，但她忍着伤口的疼痛，参加了最后的总决赛，终于又为中国迎来一枚沉甸甸的金牌。站在哲学的角度看，这就是变量与质变。唯物辩证法认为，一切事物的变化发展都是先从量变开始的，没有量变作准备，就不会有质变发生。量变是质变的前提和必要准备，只有当量变达到一定程度时，才有可能发生质变。另外，事物没有质变，就没有发展。我们要不失时机地促成飞跃，果断地、不失时机地突破量的范围和限度，促进事物的质变。中国奥运之所以能取得如此佳绩，并不是靠“三天打鱼，两天晒网”“搞突击”得来的，而是运动员们平日里一步一个脚印，踏踏实实走出来的，即哲学中所说的量的积累。

站在另一角度看奥运，我们又会发现其中的许多哲理。辩证唯物主义认识论告诉我们，人的认识是由感性认识到理性认识，再到实践的不断反复、无限发展的能动的过程。从提出“办最好的奥运会”的口号到重申“节俭办奥运”的方针，说明了我们对如何办好奥运的认识在不断地理性化、深刻化。2004年6月，北京奥组委对奥运馆的“瘦身运动”就体现了这一哲理。他们对“鸟巢”的设计方案进行了优化调整，造价由38.9亿元人民币缩减到23亿，主要奥运场馆之一的五棵松篮球馆造价缩减超过一半，部分奥运场馆推迟开工和竣工日期，以达到控制场馆建设成本的目的。过去，不少国家在承办奥运会过程中忽视“节俭”，把“最好”片面理解为追求“高规格”“超豪华”“花钱最多”。今天，我们重申“节俭办奥运”的方针，做到既要办出色的奥运，又要警惕奢华浪费，考虑赛后场馆的利用问题，而这前后两者并不构成矛盾的对立面。但有人或许会认为，节俭与贫穷是相互联系的，之所以要节俭是因为贫穷，这种观点其实是片面的。一方面，中国目前处于社会主义初级阶段，离富裕还很远；另一方面，节俭作为人类活动的一条基本原则，从来就不单纯是手段，离开了节俭就谈不上效益。所以，我们要正确对待奥运，不能把主观联系强加给客观事物。

奥运展现在人们眼前的是它辉煌、绚丽的一面，是它在世界舞台上的雄姿。但作为高中生，我们应更多思考奥运背后隐藏的哲学道理，思考这些道理是通过什么来体现的。懂得这些，我们才能更好地为我国承办的北京2008奥运会服务。2008，这个中国人民激动的时刻，这个洋溢着梦想、燃烧着激情的日子，中国等待了太久。中华民族的奥运梦从第一次参加奥运会便开始，随着祖国的日益强大，我们终于盼来了申奥成功的日子。

我们作为中学生，该做的除了在心底祝福我们的国家、我们的运动员之外，还应在思想上、理念中，站在哲学的角度正确看待奥运。同时，还要弘扬奥运精神，将它用到我们的生活学习中去。我们相信，明天的奥运会更辉煌、更灿烂！（占梅香）

脱贫了，致富了

我出生在一个土生土长的农民家庭。从小到大一路走来，我看到了农村由贫到富的转变过程。前些年的农村，大人们都是掰着手指头过日子，因为他们要承受生活压力对他们的“洗礼”。

在我的家乡，每户人家只有很少的粮田。一家老小几口人都得靠它维持生计，但种田的收成并不可观。原因之一是家中没有流动资金可供“差遣”，只能眼巴巴看着大片庄稼被害虫“侵略”，束手无策。庄稼减产，收入就下降了。

如果家境好点的，买些农药喷了，害虫是消灭了不少，收成能好一些。可粮食的售价低得惊人，100斤粮食的售价仅50元左右。渐渐地，人们对种田的热情慢慢地“退化”。可上有老、下有小，日子还得过下去，怎么办呢？只得背个包外出打工。农村接受过高等教育的人很少，就连高中毕业的都不多，文化素质自然就很低。人们只好去“出卖”自身的“看家本领”——劳动力，而且是廉价的。可想而知，这样挣钱非常辛苦而且收入也不多，很多人只能挂着一副垂头丧气的神情，过着艰难的生活。

这是20世纪90年代很多农村状况的“一个缩影”。如果国家不能很好地发挥农业的魅力，调动农民的积极性，不能稳定粮食生产，国民经济发展就会受到很大影响。农业是国民经济的基础，粮食是基础的基础，单靠农民是不可能完成这一伟大而又艰巨的任务的。

“山重水复疑无路，柳暗花明又一村。”“杂交水稻之父”袁隆平研制出杂交水稻，这一消息响彻中国大地。农民又回到久别的故乡，扛起锄头，走向田垄，抱着试试看的心理，播下了希望的种子。果然，庄稼的收成比往年好了很多。

随着中国经济的增长，粮食在粮站的售价也稳步增长，农民们个个喜笑颜开：“感谢国家的好政策、好领导！”

粮价升了，生产资金有了，生活水平也提高了。之后，国家又作出承诺：5年之内，免除农业税。农民们很激动，都说国家政策好，准备再多种些田，盖新房，买家电……农村呈现出一派蓬勃的发展粮食生产的景象，甚至很多农民自愿花钱去“充电”，学习科学种田技术。他们都认识到，农业要走高产、优质、高效的道路。

现在，许多人都认识到农业的重要性，纷纷投身于农业，农民也没有白白浪费掉自己的劳动力，正在奔小康的路上阔步前进。

党和国家的好政策就像和煦的春风吹遍祖国大地。现在的农村已看不到昔日的破棚旧房，焕发出蓬勃生机。父老乡亲们开始脱贫了，致富了！（熊超）

粮食问题带来的启示

俗话说：“民以食为天，食以粮为主。”粮食问题不仅是我国面临的现实社会问题，也是全球普遍关心的重大问题。要知道，农业是国民经济的基础，而粮食是基础的基础。据统计，全世界粮食播种面积占耕地总面积的70%，其中最主要的农作物是小麦、稻谷和玉米，这3种谷物产量约占谷物总产量的80%。我们要坚持用发展的观点来观察和处理问题，弄清粮食生产在我国发展中所处的重要地位。

从实事求是的角度来看，我国是一个人口众多的国家，粮食的需求量非常大。因此，粮食生产是关系着我国国计民生的头等大事。我国因为人口多、耕地少、农业生产的技术装备水平与劳动生产率比较低、基础设施薄弱、抗灾害能力差，致使我国粮食供给始终处于基本平衡但偏紧的状态。面对这样的问题，我国必须抓住主要矛盾，大力发展粮食生产，确保粮食安全。

2004年9月，菲律宾总统阿罗约访问中国时指出："菲律宾引进的中国杂交水稻，使农民收入翻番，有力地促进了当地的经济发展。中国是世界上最早培植水稻的国家，对人类有杰出贡献！"可见，大力发展粮食生产的必要性。夯实农业基础地位可以支撑经济快速发展，我们要用联系的、发展的观点来看待它的重要性。辩证唯物论认为，意识是物质世界发展到一定阶段的产物，意识不仅能正确反映客观事物的外部现象，而且能够正确反映事物的本质和规律。正确的意识通过实践活动能够促进社会的发展。新中国成立以来，中国共产党在毛泽东思想、邓小平理论的指导下，从我国的国情出发，作出了"我国现在处于并将长期处于社会主义初级阶段"的科学论断。针对这个基本国情，我们党确定了具体的方针、政策。比如，2003年11月，中央各部门相继召开会议，提出要保护和提高粮食生产能力，确保国家粮食安全，要千方百计地增加农民收入；另外，还大力发展农业科研工作，提倡把科学技术作为第一生产力。我国"杂交水稻之父"袁隆平正是深刻理解了这一点，才为粮食生产作出了重大贡献。

民以食为天，但国以民为本。农民付出辛勤的劳动，让一棵棵绿油油的禾苗长出金灿灿、沉甸甸的稻穗。夏粮喜获丰收带给国家巨大的财富，也为国家奠定了强大的物质基础。这一点又体现了一个哲学道理：事物的发展是量变与质变的统一。一切事物的变化发展，都是首先从量变开始的，没有量变作准备，就不会有质变发生；量变是质变的前提和必要准备，质变是量变的必然结果。农民们把日复一日、年复一年种植出来的水稻，一粒粒地堆积成大谷仓，缴纳给国家，增加了国家积累，这是量的积累。在它已经达到一定程度，只有改变事物原有的性质才能向前发展时，我们的国家就要果断地、不失时机地利用强有力的物质基础，出台更加有利于农业发展、农民增收的政策，果断取消农业税，积极促进农村经济的快速发展，从而为整个国民经济的快速健康发展奠定雄厚的基础。

民以食为天，食以地为根。土地是粮食生产的根本，因此，珍惜和合理利用每一寸土地是关键。抓住事物关键问题的同时，也要用科学的方法种田，提高产量和质量。国家是高度关注粮食问题的。近几年来，党和国家制定了科学合理的政策，鼓励和引导农民进行了粮食生产，也在关键时刻采取了一系列加强和改善宏观调控的政策措施，既保证了粮食供求基本平衡，也保证了粮食安全。这主要体现了党的正确领导和政府的经济调节职能，也说明只要我们坚定不移地贯彻执行党的基本路线、方针和政策，重视“三农”问题，粮食就能够稳定增产，农民也一定会富裕起来。

作为一名高中生，我们在日常生活中应该关注粮食问题，珍惜农民的劳动成果。从小，老师就教育我们要节约粮食，当我们浪费粮食的时候，是否想过此时农民正在田里辛勤劳作、遥远偏僻地方的孩子正在饿肚子呢？哲学道理告诉我们要了解国情，立足国情。只有这样，才能增强历史责任感，当好社会主义的建设者和接班人，为社会的发展作出贡献。（漆柔）

四、挖掘文化生活模块中人文教育的资源

文化生活是高中思想政治课程中增设的必修模块，与经济生活、政治生活、生活与哲学共同构成了高中思想政治课的必修内容。必修模块与选修模块一起，共同承担着高中思想政治教育的基本职能。文化生活

模块以学生置身其中的文化生活为依托，使学生了解当前生活中的各种文化现象，获得参与各种文化活动的基本知识和能力，包括如何进行文化赏析与提高文化修养，理解文化传承、交融和创新的意义等。

我们知道，人文素质应当包括较高的文化品位、高雅的审美情趣、健康的心理素质、积极的人生态度、高尚的道德修养、丰富的精神世界等。高雅的气质、潇洒的风度、儒雅的谈吐、得体的衣着，都是学生人文素质的全面展示。而这些，通过对文化生活模块知识内容的学习，对学生可以产生重大的积极的影响。

在文化生活中，人文教育的切入点比较多，几乎每单元的内容都与人文教育的内容息息相关。这就要求我们教师一定要重视对中华优秀传统文化的学习，了解5000年博大精深的中华文化，从中汲取营养，学会思考。惟其如此，教师才能远离平庸和浮躁，才能真正成为学生心理健康的维护者和精神生活的指导者。文化生活模块内容中，人文教育的主要切入点有：

（1）让学生能感受到中华文化的魅力，懂得弘扬中华民族精神，从而激发学生的爱国主义热情。优秀文化可以丰富人的精神世界，增强人的精神力量，促进人的全面发展。

（2）中国特色社会主义文化是凝聚和激励全国各族人民的重要力量，是综合国力的重要标志，这要求教师在教学中加强对学生的人文教育，提高学生的人文素质。

（3）教师要促使学生在当前的文化生活中，努力辨识落后文化，抵制腐朽文化，积极参加健康有益的文化活动，提高学生感受美、鉴赏美、创造美的能力。

（4）要让学生投身社会主义精神文明建设，不断追求更高的思想道德目标，提高思想境界。

（5）让学生深切感悟到中国共产党始终代表中国先进文化的前进方向，培养爱党情怀。

（6）深信在当代中国，发展先进文化就是发展面向现代化、面向世界、面向未来的，民族的、科学的、大众的社会主义文化，培养学生的科学精神，拓展学生的国际视野。

人文的主题是人文精神，人文精神就是对人的价值和尊严的肯定，对人的理解、容忍、接纳、尊重，对人的爱护和关怀；是对人生终极价值的追寻，对人类命运的忧患；人文精神重视思想和理性的价值，关注人的发展，认为人具有潜能。简言之，人文精神就是要以人为本，以人的发展和幸福为本。

在教学中，要把教材的意识形态功能渗透到知识的传授和方法的掌握之中。诸如文化与政治、经济的关系，文化对人的影响，文化传承的基本规律，文化创新的途径，中华文化的特质，民族精神的建构等，都要结合教材的知识内容进行有机的渗透，融知识、能力和价值观于一体。在教材知识点的表述上，注意文化现象的复杂性，在明确地坚持正面引导、正面教育的同时，也引导学生对实际的文化现象进行分析，增强对复杂事物的辨别能力。如对经典与流行文化的分析、对传统文化中的精华与糟粕的分析等，不能简单地作价值评价，而要引导学生通过现象看本质，对问题进行具体分析，得出自己的正确结论。

附学生作品：

坚强——永不言败的精神支柱

——读《社会主义核心价值观100例》有感

是什么使我们的国家取得一个又一个的伟大成就？面对各种艰难困苦，是什么使我们挺过一个又一个困难，一步一步走向胜利？读了《社会主义核心价值观100例》这本书后，我对这样的问题有了更清楚的认识，那是因为我们中国人具备坚强不屈的精神。这是一种伟大的民族精神，这是我们永不言败的精神支柱。

2008年，中国发生了两件震惊世界的大事，而它们注定将永远被载入史册。

5月12日，四川省汶川发生特大地震，7万多人遇难，数以百万人无家可归。对于四川的同胞来说，天地改变了模样，然而在大难面前，中华民族展现出不朽的精神——空前的民族凝聚力。“我们要坚强。”这是面对灾难时国人发出的呼喊。正是因为坚强，全国上下强忍悲痛，各种救援得以有条不紊地进行；正是因为坚强，我们创造了一个又一个生命的奇迹。

8月24日和9月17日，第29届夏季奥运会与第13届残奥会分别在北京成功落幕。中国以东道主的身份受到国际友人的高度称赞，我国的体育健儿更是奋勇拼搏，独占鳌头。然而人们不会忘记，当奥运圣火在法国巴黎传递的时候，面对“藏独”分子的破坏，金晶用残缺的身体誓死保卫火炬。她的坚强让世界感动，让圣火更加灿烂、美丽。是什么让奥运火炬如此神圣？因为支起它的是一个不朽民族的精神支柱！

奥运会上51面国旗的升起，51次国歌的奏响，强烈地感动着我，也感动着全中国。51块金牌的分量意味着什么？是运动员一生的追求，是祖国的荣耀与骄傲。然而又是什么让运动健儿们挑战自己、超越极限呢？是坚持不倒的意志。正是有了坚强的意志，运动员们才能努力不懈地面对日复一日、年复一年的繁重而枯燥的训练，最后破茧而出，蛹化成蝶，奋勇夺金。

不单是运动员，一个民族更需要这种坚强的意志才能屹立于世界优秀民族之林。百年前的中国，民族命运处于风雨飘摇之中。面对这种艰难困苦的局面，在中国共产党的领导下，经过无数革命先辈的不懈努力，新中国终于诞生了。正是因为坚强，先辈们抛头颅，洒热血，不怕遭受迫害，才换来了我们今天的幸福生活。改革开放的30多年，就是中国人民不怕困难、顽强努力、开拓创新的30多年，也正是这种改革发展过程中克难奋进的坚强，祖国变化日新月异，科技发展才突飞猛进。2008年，“神舟七号”升天，我国自己的宇航员首次实现了“太空漫步”，神州沸腾，世界震惊。这在太空中迈出的“一小步”，却折射出中国发展的“一大步”。如果没有这种民族的坚强性格，这些奇迹是不可能被创造出来的。

我们生活在和平年代，要继承先辈的精神。我们虽然不用面对漫天的硝烟、贫困的生活，但在学习生活上也会面临不少困难。我们能怨天尤人，选择动摇、退却吗？显然不能。有句话说得好，“困难像弹簧，看你强不强。你强它就弱，你弱它就强”。是的，我们唯一的选择就是坚强地面对，勇敢地战胜各种困难。

记得初三那年，我的生活似乎失去了目标。“中考升学”四个字压得我像泄了气的皮球，无精打采，整天缓不过气来。模拟考试的成绩告诉我离重点高中还有很大一段差距。然而，当我望向窗外三月的春色，生机盎然，好一派迷人的景色。自然界在展现它的勃勃生机，我们青少年更应该体现出自己的朝气。“我不能放弃，我要坚强，有一分耕耘，就会有一分收获。”我不停地鼓励自己，通过努力，最终我考上了自己理想的学校。

我们这一代人如果没有坚强的意志，如何支撑起中华民族的希望？“某同学因高考失利而自杀”——每年都有类似这样的事情发生。我虽对这样的学姐学长很同情，更多的却是心痛。想想看，高考失利就轻生自杀，即使他考上大学，以后走上社会，步入工作岗位，将要面对的挫折不知要多多少倍，难道一有不如意就轻生逃避现实？这种牺牲，比起我们的抗震英雄少年来说简直太渺小了！9岁的林浩小同学，面对强震，从即将倒塌的房屋中逃出来后又两次爬回去，把昏倒的女同学和另外一个男同学背了出去。这是何等的勇气，何等的坚强！

“坚强面对，永不言弃”，这是抗震救灾精神和奥运精神的生动体现，也是社会主义核心价值观的生动体现。有了这种精神，有了这种核心价值观，我坚信，中华民族新生的一代——当代中学生，将继续书写中华民族的新篇章，创造出更加辉煌的骄人成绩，造福祖国和人民。（毛自强）

第三节 高中政治课人文资源开发的启示与思考

在教学活动中要及时地把知识纳入到人文背景中去，做到知识和人文精神的融合。例如，从人文精神教育角度看，人类的经济活动是一种人文活动，市场经济中的平等、公平、自由、诚实、信用等原则，属于伦理道德的范畴。那么，如何处理好经济发展中的诚实与信用原则？这实际上体现了一种极具人文价值的社会思潮。

曾经有一篇文章提出了这样一个问题："目前我国最缺少的资源是什么？"答曰："信用。"信用，即遵守诺言，践守成约，从而取得别人的信任。信用是一个人、一个集体在社会中立足的根本，是叩开社会大门的通行证。古往今来，"诚信"二字一直是人们追求的道德目标和行为指导。孔夫子曾说过："人而无信，不知其可也。"《史记·季布列传》也记载，楚汉名将季布严守信义，为世人称道，有"一诺千金"的美誉。不少人视信誉为生命，将之看得比金钱还重要。然而近年来，诚实守信这一起码的社会道德，却渐渐被有些人淡忘甚至抛诸脑后。于是，假冒伪劣商品充斥市场，毁约、诈骗、故意欠款等失信行为层出不穷，甚至在高校招生考试中也存在着师生串通作弊的现象。

社会现实中蕴含着深刻的人文精神教育的内容。以这些社会实例结合教材论证、分析就使整个教学过程超出纯粹对知识的把握，上升到人文精神的层面，并且形成一种道德追求。这种处理不仅达成了对知识的传授，让学生了解现实，培养其正视解决现实问题的能力，而且基本达到了人文精神教育的目的。

（1）有利于实现政治课教学时空的延展开放，真正体现高中政治课理论联系实际的教学原则。它突破了学生眼界仅限于教材课本的藩篱，突破了“课堂教学就是在教室里上课”的传统观念。学生学习活动的空间不再只局限于教室，而是拓宽到生活和社会的各个领域，让学生到大自然中去，到社会实践中去学习；学生学习活动的对象也不再只限于有字的教科书，而是延伸至整个自然界和社会这部“活”的无字书。生活化的问题情境，使学生回归生活，感悟生活，在交流各自生活体验的基础上共享资源，拓宽视野，提炼和生成观点，使学生在学习任务驱动下接触社会，投入实践，搜集资料，处理信息，并在课堂上展示交流课外的学习成果。

（2）有利于促进政治教师角色的全新定位，科学正确理顺“主导与主体”的和谐师生关系。教师们正学会走到学生中去，关注学生的个性体验，参与学生的交流讨论，欣赏学生的“奇思妙想”，分享学生的成功喜悦。在师生互动中，教师是组织者、引导者、合作者；在生生互动中，教师是点拨者、调控者、倾听者，实现师生的共同成长，形成和谐师生关系。

（3）有利于体现“知识与技能，过程与方法，情感、态度与价值观”的三维教学目标。专题式的课程资源的开发，使学生在学习知识的过程中潜移默化地培养了正确的“三观”，学生学习中知、情、意、行的提高在课堂上得以反馈和表现。

（4）有利于改善学生学习方式，让学生真正成为学习的主人，发展学生多方面的能力。让学生成为课程开发资源的主体，可以改变学生在教学活动中的地位，从被动的知识接受者转变为知识的共同建构者，使关注过程、注重体验、崇尚合作、强调沟通、倡导自主为特点的学习方式得以形成，学生在获取、筛选、利用资源的过程中，也发展了自己的信息处理能力、创新能力和其他方面的能力。

新课改认为，学生是处于一定文化环境、一定社会生活中的人，会把课程真正当作一种有文化价值的“文化资本”和精神食粮。与现实生活紧密结合，从而熏陶学生的心灵，挖掘学生身边的生活体验和情感体验，让学生在文化中体味文化，在文化中感悟生活，在感悟生活中提升精神境界、涵养人文素质。

任何一个情境、活动、榜样，凡能使学生开发学识，刺激想象，激发爱心，关注生活，增强积极的情感体验，鼓舞人性尊严，学会正确地与人沟通，提高各种能力素质。产生积极影响的素材和资源，都应纳入到人文教育的范围内。高中思想政治教学过程中，教师要及时地把学科知识纳入到深刻的人文背景中去，做到学科知识和人文精神相融合，真正实现新课改提出的“知识与技能、过程与方法、情感、态度与价值观”三位一体的教学目标。

第六章 以生为本：打造民主和谐的人文性思想政治课堂

当前，以人为本，落实科学发展观，促进经济社会和人的全面协调可持续发展，已成为党和国家工作的总体要求和发展目标，这标志着一种富有人性化的社会发展观受到了高度的重视。在我们高中思想政治教学中，也要贯彻以人为本的思想，促进学生人文素质全面发展。

第一节　打造“以生为本”的思想政治课堂的重要性

一、“以生为本”的基本含义

所谓“以生为本”，简单地说，包括两层含义：第一层是“以学生的学为本”；第二层是“以学生的发展为本”。其中“以学生的学为本”是基础和前提；“以学生的发展为本”是归宿和目的。这就要求我们在思想政治教学中必须坚持“一切为了学生，为了学生一切，为了一切学生”的原则。

课堂教学中，教师必须以人为本，充分尊重学生的个性，还学生自由的空间。教师应善于营造民主、平等、宽松自由的课堂氛围和学习环境，让学生的个性得到充分张扬，让学生的思维更加活跃，让人文精神在思想政治课教学中得以渗透。

根据皮亚杰“以学生为中心”的建构主义教学模式，教师应在思想政治课教学中利用丰富的人文资源，创设情境，引导学生主动探索，提升学生的人文素质。通过教师的精心设计和情境创设，让教学活动充满喜悦，使学生积极投入和参与，产生欲求和冲动。

在教学过程中可用优美的语言，也可利用多媒体、配乐等教学手段创设情境。随着现代技术的发展和现代教学的改革，多媒体越来越多地走进了课堂。多媒体可集声、像、画于一体，能借助多种手段，创设高雅的艺术情境和浓烈的情感气氛，让学生置身其中，细细品味，从中受到感染，不仅使教学更加形象、直观、生动，而且可以帮助学生在特定的氛围里尽快获得真切的情感体验。

教学中，结合教材内容恰当选取一个故事，或者一段小品、相声，或者一段录像，抑或是一段音乐都可创设良好的情境，教师也可设计实验，或者组织学生自编自演话剧或小品来渲染课堂。

我们政治课堂“教师讲，学生听”满堂灌的现象依然存在，学生缺乏独立自主动口、动手、动脑的机会，教师忽视对学生学习方法和学习策略的培养，学生不会学习。更致命的是，高中思想政治课作为一门重要的人文学科，它的人文教育功能没有得到应有的重视，在培养学生人文素质方面的作用没有凸显出来，甚至大量存在学科教学成绩与学生人文素质“两张皮”的现象。这不能不引起我们的高度重视和深刻反思。

二、“以生为本”的课堂教学有利于提高学生的人文素质

随着新课改的到来，“为了每一位学生的全面发展”的新理念使许多教师的教育观念和教学行为逐渐发生了变化。但我们不得不承认这样一个事实：长期以来智育至上、缺乏人文内涵的学校教育，导致许多学生社会道德感降低，认识结构片面，对社会伦理、道德、生态环境、文化教育等问题缺乏应有的重视，缺乏社会责任感和合作意识。

打造“以生为本”的思想政治课堂有利于克服部分教师和学生单纯为了考试成绩而教和学的功利主义倾向。不可否认，考试成绩在一定程度上可以反映教师的教学水平，反映学生的学习状况。但教师讲条条、学生背条条、考试考条条是不符合新课程理念的，是不可能培养出身心健康全面发展的人才的。

打造“以生为本”的思想政治课堂有利于学生形成良好的情感、态度与价值观，从而真正发挥其德育功能。“以生为本”的课堂让学生学到更多知识的同时，还能培养学生感受美、欣赏美和创造美的能力。自然美、艺术美、社会美需要拥有健康人格的人去感受和创造。

打造“以生为本”的思想政治课堂有利于改变不当教育方式之下学

生身心健康受到侵害的局面。有些学生缺乏对成就感、自尊心的体验，缺乏对亲情、人性的体验……这样的学生个体是不健全的，这样的课堂如何能培养出适应知识经济社会发展要求的有健全人格的合格人才呢？

当代高中生是我国社会主义现代化的建设者和构建现代和谐社会的生力军，在课堂上对他们进行人文教育是时代发展的要求，是民族希望所在，也是广大教育工作者光荣而迫切的重要任务。因此，在新课改中，必须注重培养学生的创新精神、实践能力以及社会责任感，努力打造符合学生身心发展特点的人文性思想政治课堂，提升高中生的人文素质，促进学生健康、全面、和谐的发展。

第二节 打造“以生为本”的思想政治课堂的基本方法

先看看必修四生活与哲学模块第六课第二框题“在实践中追求和发展真理”的课堂教学实录（片断节选）——

教师：请看视频新闻——“揭开‘全能神’真实面目”，思考问题：“全能神”歪理邪说、“2012年12月21日是世界末日”的谣言是真理吗？请同学们认真观看视频，思考问题，发表看法。（视频大约3分钟，学生认真看视频）

学生甲：我从网络上了解到“全能神”最近活动频繁，鼓吹世界末日的歪理邪说，目的是利用“邪教”欺骗一些愚昧的群众，诈骗钱财。我们都要擦亮眼睛，识破他们的险恶用心，还要告诉我们周围的人、我们的家人不要上“全能神”的当。12月21日已经过去了，世界不还是正常存在吗？并没有因“全能神”末日论而改变。所以这些歪理邪说肯定不是真理。

教师：你说得很好，大家掌声鼓励！我们要善于识别谎言，提高分辨是非的能力，不要上当受骗。那么到底什么是真理呢？哪位同学来回答？

学生乙：真理是标志主观同客观相符合的哲学范畴，是人们对客观事物及其规律的正确反映。

教师：你回答得非常好，请坐！我再请一位同学结合刚刚播放的视频材料，具体分析一下真理的含义。

学生丙："全能神"宣传的言论是人的一种认识，它与客观对象并不相符，12 月 21 日并不是世界末日，地球不还在正常运转吗？太阳不还是东升西落吗？所以，这种认识并没有正确反映客观事物及其发展规律，与客观事实相背离，因而不是真理，相反，它属于谬误。

教师：那么请你再讲一下什么是"谬误"？

学生丙：好的。跟"真理"含义相反，我觉得"谬误"是指人的认识与客观对象不相符的认识。

教师：同学们分析得非常好！对于什么是真理，实用主义者詹姆斯解释说："有用的观念就是真理。"你赞同这种观点吗？请举一个例子来说明。

学生丁：我不赞同这种观点，真理是人的认识与客观对象相符。"相符"并不等于"有用"。它可能对某些人有用，对另外一些人可能没有用。比如，关于最近大家关注的钓鱼岛问题，有人认为"钓鱼岛是日本的"，这显然不是真理，与事实完全不符。钓鱼岛自古以来就是中国的领土，这个事实是不能被抹杀的。但这个谬论对日本是非常有用的，所以不能用"有用"或"无用"来判断是否是真理。

教师：讲得非常好！我们从这里可以看出，真理有一个什么属性？

学生戊：客观性。

教师：回答得非常漂亮！由于人们的立场、观点和方法不同，每个人的知识结构、认识能力和认识水平不同，对同一个确定的对象会产生多种不同的认识，但是其中会有很多种正确的认识吗？

全体学生：不会，只有一种正确的认识。

教师：是的，只能有一种正确的认识，也就是真理只有一个，真理面前人人平等。接下来大家看课文第 47 页"相关链接"小栏目，讨论一下毛泽东的这句话该如何理解？大家先按小组进行讨论，时间 3 分钟左右，然后我们进入"自信展示，分享成果"环节，各小组派代表上台进行学习成果的展示。

新课改要求教师在教学过程中与学生积极互动、共同发展，注重培养学生的独立性和自主性，引导学生质疑、调查、探究，在实践中学习，激发学生的学习积极性，让学生充分参与到教学过程中，真正享受学习给他们带来的快乐，使每个学生都能得到充分的发展，不断在教育教学中培养他们的人文精神，提高他们的人文素质。

首先，教师要创新教学设计，采用灵活多样的教学方法，取得教学和人文教育的双重效果。

打造“以生为本”的思想政治课堂要求在教学中真正达到“知识、能力和情感态度价值观”三位一体的教学目标，培养学生的创新精神和实践动手能力。提升学生的人文素质，在很大程度上取决于教学设计的创新。这种创新既要体现在新课导入、新课学习中，又要体现在练习反馈等各个教学环节中。

例如，在生活与哲学模块关于“量变与质变”内容的多媒体教学中，我是这样来体现创新思路的：

（1）激情引趣导新课。在导入中，我选取了最近“神七”“神八”“神九”飞船圆满完成飞行任务的视频材料，让学生重温那激动人心的时刻，为祖国的强大而倍感自豪。这样巧妙地导入新课，可以激发学生浓厚的兴趣，引起他们的思考。同时，让学生分组讨论：为什么此次能够胜利实现“太空漫步”，完成“空间对接”等任务，取得具有里程碑意义的重大成果呢？根据学生的讨论，引导他们用哲学的观点看问题，从而引出要学习的问题：量变与质变。

（2）互动教学增自信。在导课中，启发学生的思考，并让学生分组讨论；在讲述“量变”与“质变”的概念时，让学生做小实验“冰块加热——水的三相（固、液、气）变化”；讲“量变是质变的前提和必要准备，质变是量变的必然结果”时，设计由4个组各推选同学进行“吹气球”比赛以及对漫画进行讨论；等等。我想，互动教学可培养学生的创新精神和动手能力，让师生动起来，重在全员参与，在参与中体验、感悟，在感悟中发现、提高，使学生具备敢想、敢问、敢创新的精神，激发学生创造的潜能。

（3）反馈提高精思考。我精心设计了3个题目，这些题目紧扣基础知识，而且新设计了一个结合“十一五”规划中关于“经济发展方式转变”的题目，使学生巩固所学知识，关心国家大事，同时培养学生分析问题和解决问题的能力。

（4）提升觉悟巧安排。情感、态度和价值观目标是教学的重要目标，提升学生的人文素质是哲学教学的基本要求。“能够用量变与质变的关系原理指导自己的学习与生活，并为树立正确的人生观和价值观打下基础”是我在这课中提出的具体目标之一。为此，我进行了巧妙的安排：

①选材体现生活性。如选用漫画《喝酒》（这幅漫画讲的是父母平时娇宠、放纵小儿子喝酒，结果后来一发不可收拾，儿子上桌就变为“我要喝”）。通过生动有趣、形象的教学法进行教学，抽象枯燥的哲学道理就变得容易接受了。

②选材蕴含人文性。在各个教学环节中选用俗语、谚语和诗句等，并要求学生熟读。如“读书破万卷，下笔如有神”“奢靡之始，危亡之渐”“学习如春起之苗，不见其增，日有所长；辍学如磨刀之石，不见其损，年有所亏”的选用等。

③选材突出时代性。如针对部分高中生沉迷博客的新现象，引用一个新颖的视频材料，使学生明白，量变达到一定程度必然引起质变，从而使学生摆脱网瘾，正确对待博客现象。

当然，创新无止境。创新教育使我们思想政治教师面临新的更高的要求，要求我们不断地思考，不断地与时俱进，不断地加强学习。

新课改主张师生关系、生生关系积极互动、共同发展。这种关系是新型的关系。在共同探索新知的过程中，师生、生生之间沟通接纳、交流合作、互动分享，形成民主、开放、和谐的课堂关系。这样就可以使每一个学生都能够真情流露，有话说，想说话，说真话，说心里话。教师要无偏颇、无成见、无条件地关注全体学生，为每一位学生提供平等参与活动的机会。

“教学有法，教无定法。”教师的教学方式和手段直接影响学生主体地位的发挥，影响教学和人文教育的实效。课堂中，教师可以通过情境导入、启发提问、学习活动、合作探究等形式调动学生的学习积极性。而做到这点需要教师了解自己的学生。高中生有的求知欲较强，善于表现自己；有的缺乏学习的热情和兴趣，在课堂中充当“第三者”；有的虽然学习态度端正，热情不减、精力有余而显得力不从心……因此，教师在课堂中应根据学生的不同情况、特点，采用不同的方法“因材施教”。

在教学实践中为体现“以生为本”，可以结合高中思想政治课的学科特点，采用不同方法。比如，每节课前5分钟举行时事政治讲演。现在媒体发达，特别是网络便捷，有手机的同学甚至都订有手机报，获取信息非常方便。这个活动几乎人人可以参加，可以充分调动学生参与的积极性，真正体现“以生为本”。再比如，对于较难懂的教学内容，可以采取小组合作的方式，进行探究式教学，给学生提供充分发表见解、张扬个性的空间，让学生养成参与课堂的习惯。总之，在发挥教师的主导作用的前提下，要积极创造各种条件让学生充当教学活动的“主角”，真正成为课堂的主人、学习的主人。

其次，引导学生关注社会生活，培养学生的创新精神和动手能力。

先看看经济生活模块第二课第一框“影响价格的因素”课堂教学实录（片断节选）——

教师：请同学举一举生活中的例子，来说明需求量的变化怎样影响价格。

学生甲：我来说说鲜花的价格变化。我发现，在特别的节日，鲜花的价格是很高的。比如，在情人节，热恋中的青年男女或讲究浪漫情调的老夫老妻，为表达对彼此的感情，肯定是少不了要买花的，这就使得情人节买花的人增加很多，鲜花价格也会提高很多。这就是需求量的变化影响价格的变化。（部分学生笑）

学生乙：清明节来了，祭祀用品销售火爆，价格水涨船高。

教师：两位同学说得很好！下面我来举个例子。我调来深圳工作前来过3次深圳，2008年12月第一次来深圳住在一家小旅馆，记得每晚的住宿费用是58元；第2次是2011年的5月，住的是同一家旅馆，每晚98元；第3次是在2011年的8月，住这个旅馆的价格是每晚128元。那么我要问同学们，同样的旅馆不同的时间为什么价格不一样呢？

学生丙：2008年末受金融危机影响大，旅馆需求量小；2011年，随着深圳大运会的临近，来这里旅游的人多了起来，旅馆需求量增大，甚至供不应求，所以价格就会涨起来了。

教师：他说得有道理吗？

全体学生：非常有道理。

学生丁：我想请问老师，有时民航有打折机票出售，据说高铁将会实行浮动票价，这种价格变化情况跟需求有关吗？

教师：这位同学结合实际生活，提出来一个非常好的问题供我们思考，应该得到表扬。现在请同桌同学一起探讨下这个问题，到底该怎样认识这个问题？

新课程淡化了政治课的理论体系，立足于学生的生活经验，着眼于学生的发展需求，把理论观点的阐述寓于社会生活的主题之中，这就要求教师善于把握学生生活的主题，把学科概念、方法、观点、原理融入生活题材之中，围绕学生关注的社会生活问题组织教学。

我国著名教育家陶行知在《创造的儿童教育》一文中提出了“五大解放”的思想，这些思想对当前我们搞好高中思想政治课教学具有很多启示和现实指导意义。“解放学生的头脑，使他们思想”——这要求教师在思想政治课中启发学生思维，让学生勤于思考；“解放学生的双手，使他们能干”——这要求教师在思想政治课中通过教学技能，培养学生的实践动手能力；“解放学生的嘴巴，使他们能问”——这要求教师在思想政治课中培养学生善于提出问题的能力；“解放学生的空间，使他们能到大自然大社会里扩大知识和眼界，获得丰富的学问”——这要求学生把课堂学习与课外生活结合起来，获取尽可能多的生活体验，关心时事政治，关注社会；“解放学生的时间，使他们有时间学一点他们渴望学的知识，干一点他们高兴干的事情”——这要求教师充分尊重学生，培养他们的兴趣爱好，使他们掌握适应社会生活的本领。

陶行知先生思想的核心是尊重学生的“主体地位”，强调让学生“动”起来。学生在“动”的过程中，教师创设“以生为本”的充满人性化的高中思想政治课教学氛围，引导学生积极主动地参与到学习过程中来，培养学生的创新精神和动手能力。

再次，要面向全体学生，尊重学生，对每一位学生的成长负责。

目前，学校教育实行班级授课制。这种体制下，学生由于受知识基础、生活经验与环境、性格以及兴趣取向等因素影响，素质呈现一定的层次。按照一些人不科学的说法就是，在一个班级中既存在优等生和中等生，也存在所谓的“差生”。受传统应试教育思想影响，教师往往更重视优等生和中等生，而忽视对所谓“差生”的教育和培养。这些想法和做法是与新课程理念相违背的。新课改要求打造“以生为本”的人文性思想政治课堂，这就要求教师必须要面向全体学生，对每一位学生的成长负责。

其实，有些“差生”并不是真正的差。人非圣贤，孰能无过？他们的缺点也许过于明显，但优点也不少。有谁生下来就是差生呢？这当然和后天的培养和教育分不开，最重要的是看教师、家长怎么去教育他。教育方法对了，事情就成功了一半。当然，这也不是单方面的，还要看学生的自我控制能力、自我努力程度。有道是“只要功夫下得深，铁杵也能磨成针”。这就要求我们努力去寻找和发现他们身上的闪光点，多表扬、少批评，多肯定、少否定。必须以尊重学生的人格尊严为出发点，对学生进行公正、公平的评价。这会让这些学生感受到自身存在的价值，会更加激发他们的表现欲，成为学生进一步探求知识的动力。这正是“以人为本”教育理念的要求，也是我们教师义不容辞的责任。

第三节 课堂教学体现学生主体地位与教师主导作用的统一

所谓学生的主体地位，指学生处在认识主体的地位，就是把学生作为接收和加工信息的主体、认识客观规律的主体，不断完善自我的认知结构并获得自身主体性的实现。即教师应该正确、灵活地引导学生全面发展，学生在打好扎实基础的条件下自主地选择发展方向，充分张扬个性。它具备 4 种主要特征：能动性、独立性、创造性、发展性。教师的主导作用，指教师作为教学过程的设计者、引领者、组织者所起的作用。

新课改强调变“要我学”为“我要学”，改传统的“教师主体”为新理念强调的“学生主体”，改传统上过于强调接受知识、死记硬背、机械训练的现状，倡导学生主动参与、乐于探究、勤于动手、学会合作。根据新课改要求，我们在政治课堂中要充分发挥学生的主体地位，提升课堂的教学效率。

下面就“社会主义市场经济”这一框的教学实践来谈谈对培养学生的主体地位和参与意识的体会。

（1）调动学生的学习兴趣，激发学生的求知欲望。

学生只有把学习看作是一种乐趣、一种享受，才会产生巨大的内驱力，激发起强烈的求知欲，从而积极主动地进行探索。例如，在导入“社会主义市场经济”这一框时运用了音乐《春天的故事》。同学们听着大气磅礴、豪迈的歌曲：“一九七九年那是一个春天，有一位老人在中国的南海边画了一个圈，神话般地崛起座座城，奇迹般地聚起座座金山……”大家思潮澎湃，强烈地感受到我国改革开放的成就，从而对邓小平确立的社会主义市场经济理论有了一些感性认识。那么什么是社会主义市场经济？这个严肃的话题、枯燥的概念，由于歌曲的刺激，让学生也提高了兴趣，激发了求知欲，想进一步探究社会主义市场经济到底是什么？这样，顺理成章导入新课。

当然，调动学习的兴趣，诱发思维动机，并不完全体现在导入新课上，而是贯穿于教学的全过程，即教师在每个教学环节中随时拨动学生的心弦。整个教学过程中可以充分利用当前时政热点，如居民消费价格指数不断上涨、国家针对物价采取了一系列调控措施等开展教学。

(2) 注重理论联系实际，激发学生主体参与。

思想政治理论比较枯燥、抽象，学生对思想政治课的兴趣不高，只有学生从思想上真正认识到掌握政治知识对他们的学习、生活具有意义，才能产生学习政治的欲望，形成强烈的求知动机，学生的主体地位才能真正发挥作用。在“社会主义市场经济”这框中，采取了案例教学、合作探究教学法。案例设计的目的是通过典型的、有时代感的教学案例让政治原理形象化、直观化，以此提高学生对思想政治课的兴趣和加强对政治原理的理解。

设计合作探究活动是让学生从中体验并生成知识，把课堂真正还给学生，让学生成为课堂的主人，以促进学生整体素质全面提高。在讲到“宏观调控的主要目标”这一知识点时，展示了时政材料“‘十二五’规划的建议”。党中央、国务院确定今后 5 年经济社会发展的主要目标是：经济平稳较快发展，价格总水平基本稳定，就业持续增加，国际收支趋向基本平衡，经济增长质量和效益明显提高。教师引导学生分析材料，结合课本，通过合作探究自动归纳出我国宏观调控的主要目标。

又如，讲到“宏观调控的必要性”时，可以展示教学案例：2010 年以来物价“涨”声一片，这已成为“劫持”公众幸福感的一大“主犯”。继“豆你玩”“蒜你很”“姜你军”之后，食用油、棉花等农产品价格也应声走高。党中央、国务院接连出招稳定消费价格，国务院于 11 月 20

日正式发布《关于稳定消费价格总水平，保障群众基本生活的通知》，制定了遏制物价上涨、稳定物价的政策共 16 条措施。

教师充分发挥学生的主体作用，通过分析材料，综合运用课本原理，在合作探究中体验并生成知识，归纳出宏观调控的必要性：因为市场的调节不是万能的，市场调节存在自发性、盲目性、滞后性等固有弊端。为了弥补市场调节的不足，保障社会主义市场经济的正常发展，除了市场的调节，还必须加强国家的宏观调控。加强和改善宏观调控，有利于稳定消费品总体价格，减轻通胀压力，保障和改善民生，保持经济平稳较快发展，促进社会和谐稳定发展。

通过理论联系实际，学生不仅可以提高分析问题、解决问题的能力；还可以学习新知识，开拓新思路，培养团体合作意识；同时让学生明白学习政治对他们的生活确实是有用的。这样，就能激起学生强烈的学习共鸣，从而激发学生的主体参与行为，提升课堂的有效性。

（3）选择合适的教学方法，让学生在参与中体验成功。

著名教育学家赞可夫说："教学方法一旦触及学生情绪和意志领域，触及学生的心理需要，这种教育就会变得高度有效。"教师作为引导者、设计者，在教学实践中，应选择合适的教学方法，让全体学生动起来，全身心地投入教学活动。例如，在讲解"社会主义市场经济的基本特征"时，选择了 3 份典型的体现其特征的材料。不是老师强制灌输给学生，而是学生在分析材料过程中，自己去感悟社会主义市场经济的基本特征，即坚持公有制的主体地位，以共同富裕为根本目标，实行强有力的宏观调控。

又如，讲解"宏观调控的手段"这一重难点时，除了展示一份时政材料，让他们知道宏观调控的手段有什么，还让学生自己动手列表区分财政政策与货币政策的异同。宏观调控的 3 种手段即经济手段、法律手段、行政手段，这要求学生从实施依据、具体措施、特点、地位等方面列表进行区分。学生通过自己参与表格的制订，明白了它们的异同点、易错点。这样做既让学生在参与中体验到成功，又遵循了学生的认知规律，发挥了学生的主体作用，有利于提高政治课堂效率。

(4) 创设民主参与氛围，营造良好的课堂环境。

学生在教学活动中处于主体地位，教师应当成为学生学习活动的促进者。教师的责任就是尊重、信任、关心和支持学生，在课堂上创设一种使学生感到宽心、没有心理压力和负担的良好学习环境，让学生有时间、有精力去自由想象和创造。心理学家罗杰斯也认为，一个人的创造力只有在感觉到“心理安全”和“心理自由”的环境下才能得到最大限度的表现和发展。相反，在压抑、恐惧的心理状态下，人很难有所创造。民主、和谐、宽松、自由的课堂氛围，能够最大限度地发挥人的主体性。

那么如何来营造良好的课堂环境呢？俗话说：“亲其师、信其道。”所以，首先我们要建立良好的师生关系。同时我们要赏识学生，帮助学生树立信心。记得美国心理学家罗森塔尔说过：“人性最深层的需要就是渴望别人欣赏。”我们欣赏学生的过程中，学生心理会得到一种肯定、满足感，这种感觉表现在行为上就是学生主体作用的发挥。最后，给学生足够的时间和空间来表现自己，体验成功。

例如，在教学结尾时，我设计了这样一个开放性的题目：国家统计局于2010年12月11日公布，中国11月居民消费价格指数同比上涨5.1%，创28个月以来的新高。面对目前物价比较严峻的形势，如果你是国务院总理，你将如何采取措施稳定物价，提高居民的消费水平呢？学生通过发散思维最大限度地参与课堂教学，表现自己，体验不同程度的成功。在各抒己见中主体作用得到了充分发挥，学生牢固地掌握了知识，课堂效率也得到了提高。

总之，教学实践告诉我们，发挥学生的主体作用是广大教师从事教学的基本出发点和归宿点，是进行素质教育、大面积提高教育教学质量的必要条件。课堂教学发挥学生的主体性，是教学改革的必然趋势。教师只有不断提高自己的理论水平，丰富自己的知识，在课堂教学的主阵地中，充分发挥学生的主体作用，不断地探索和改进、优化课堂教学过程，才能切实提高课堂教学效益。只有把教师的主导作用和学生的主体地位有机地结合起来，才能使学生知道“是什么”“为什么”，并进一步把知识内化为自己的能力，变为自己的行动。让学生懂得“做什么”“怎么做”，才能真正达到我们政治课教学的终极目标。

（1）要有“导”的过程与效应。不要用“灌”来代替“导”。例如，对一个新知识，开始是朦胧的承认，有朦胧状态，就应有“导”的行动，使“导”符合学生的学习规律，最大限度地调动学生的积极性，使学生生动、活泼、主动地参与教学过程，从中获得知识、巩固知识和发展能力。学生的参与积极性是主体地位的重要标志。我们应该明白，一个知识点只有成为学生思维的结果，才算是学生自己的知识。通过多种渠道，使知识成为学生自己的思维结果，才能被纳入学生自己的认知结构中，成为有机的组成部分。

（2）教师的主导作用只有跟学生的认识活动过程和他们的认知程序同步，才能引起教与学的“共振”，取得理想的教学效果。例如，在讲述思想政治基本概念的课中，学生的认识过程，大体程序是：意向——领会——建立判断——巩固——发展。但当前我们的教学中，一般采取的程序是：建立判断——巩固——发展——再发展。这样，往往削弱或取消了意向、领会的过程，使教学的程序与学生认知的程度不同步。学生在未领会有关知识的情况下，就被动地接受有关结论，导致在整个学习过程一直处于被动状态。

（3）创设情境，使学生蕴藏的巨大知识潜能发挥出来，使学生最大限度地处于主体激活状态。具体地讲，要给学生较为充分的机会，才能使学生的认知潜能有一个活动的舞台。这样做既符合知识的迁移规律，又符合学生的认知规律，使学生在课堂上积极思考，绝大多数学生能跟得上、讲得出，经常七嘴八舌地争论或补充说明。在这样的课堂教学中，学生处于主体地位，精神压力小，能显示出他们的天分和才智，并且使一些平时不敢发言的学生也对学习产生兴趣，懂得如何去探索和参与学习了。

附：

“世界是普遍联系的”教学设计

——课堂教学方式转变的一次尝试（自主探究式学习）

班级	高二（7）班	听课老师		时间	2012年3月

一、教学目标

（一）知识目标

识记联系的含义，联系普遍性、客观性、多样性的含义。

（二）能力目标

培养学生运用联系的观点分析问题的能力。

（三）情感、态度与价值观目标

树立唯物辩证法的联系观，自觉抵制形而上学的孤立观，坚持用联系的观点看问题。

二、教学重点难点

重点：联系的普遍性、客观性和多样性。

难点：客观性和多样性。

三、教学方法：自主探究式

四、课前准备

学生：提前预习课文，并思考有关联系的相关成语和诗句，查找相关资料。

教师：认真研究教材，收集有关素材，做好课件、导学案的印制。

五、设计总体思路

我校学生目前的总体学习状况是：相当一部分同学不会学习，缺乏学习的主动性、自觉性。如何培养学生的学习能力，提高他们学习的自主性和积极性是教学的重要一环。本节课通过课前预习、课中自学、在学中练、在练中学，多种手段并用，为提高学生自主学习能力作一次尝试，希望得到各位老师的指导！

六、教学过程	思路说明（依据）	札记
1. 写一写：小活动——给自己营造一个美好的家。根据活动，分析联系的含义。要求：写出与要营造的家所需要的物资材料、有关服务设备用品、与之相关的人员等有关的事物。	导入新课，让学生思考生活，主动参与教学过程，提高发散思维能力。让学生对什么是联系以及联系的普遍性有直观的认识	
2. 说一说：我们生活中有许许多多的联系，如保护环境与气候变化有联系……那么你还知道一些实际生活中事物相互联系的事例吗？请你列举一些。 并请学生分析十字绣工艺的制作中千丝万缕的联系。	联系生活，提高学生用联系观点看问题的能力。通过分析得出联系的第一个特点（具有普遍性）以及方法论	

续表

六、教学过程	思路说明（依据）	札记
3. 学一学：预习课本 P55～P56 的内容，完成下列练习（注意什么是联系的客观性、自在和人为事物的联系）。	课堂自学，培养自学能力，讲练结合。在学中练，在练中学	
4. 议一议：有人把“8”视为吉利数字，而把“4”视为不祥的数字。有人认为“乌鸦叫丧，喜鹊报喜”。 大家讨论一下，应如何看待这些现象？	培养互助学习能力。要从事物固有的联系中把握事物，切忌主观随意性（方法论意义）	
5. 想一想：联系是客观的，是不是意味着人对事物的联系无能为力？ 人可以根据事物固有的联系，改变事物的状态，调整原有的联系，建立新的联系。	调动学生思维活动，养成勤于思考的习惯	
6. 做一做：自学导练。在自学导练中学习联系的第 3 个特点：多样性。掌握多样性表现在哪些方面。 播放“两会”新闻中提到的政府工作报告中对经济增长率等进行调整的视频。提出问题：报告中 7.5% 的增长目标怎样体现联系的多样性？	培养自学能力 激励学生主动关心国家大事，并进一步理解事物联系的多样性及方法论	
7. 辩一辩：有人说：“既然事物的联系是普遍性、多样性的，那么世界上任何两个事物之间都存在着联系。”这种说法对吗？为什么？	要求学生讨论后得出结论——联系具有条件性 方法论：一切以时间、地点和条件为转移	
8. 填一填和练一练： 课堂小结。（请同学填写）	强化识记，巩固所学知识，提升能力	
备注		

“处理民族关系的原则：平等、团结、共同繁荣”教学设计思路

一、教学设计理念

遵循基础教育课程改革倡导的自主学习、合作学习和探究学习的学习方式，把知识与技能，过程、方法与能力以及情感、态度和价值观三维目标融为一体，促进学生主动参与，乐于探究，勤于动手。把主体性和实践性贯穿于整堂课的教学过程中。

学生学习的过程应是学生主动获得知识的过程，只有自主合作探究的学习才是高效的学习。在合作探究过程中，通过学生调查和挑选典型事例，让学生进一步理解处理民族关系的原则和辨析公民应持的态度；体现教学与生活的联系，回归生活世界，从而使教学植根于社会生活的土壤。教学不能把学生与生活割裂开，应该使学生与生活有机融合。为此，本节课借助时政热点，引发思考角度——透过西藏理解我国的民族关系。

同时，更多地利用多媒体系统引导学生进行素材处理和自主学习，有利于培养学生的自主学习能力，培养学生辩证地、全面地分析问题的能力以及语言表达能力和合作探究知识的能力。利用多媒体技术，激发学生的学习兴趣，以图片和录像创设学习氛围，把学生难以理解的抽象知识形象化、感性化，以增强感性认识。

二、教材分析

（一）教材的版本册次

“处理民族关系的原则”选自人民教育出版社 2008 年 3 月第三版出版的普通高中课程标准实验教科书思想政治（2）必修《政治生活》教材第三单元第七课第一框内容。

（二）教材的地位和作用

本框题教学内容包括“雪域高原的历史性跨越”“我国处理民族关系的原则”“巩固社会主义民族关系”三个题目。其内在逻辑关系：第一个题目让学生通过感受情境引发对西藏历史性跨越的思考；第二个题目是对第一个题目的深化和理论化，从认识民族国情到民族关系，层层理解

我国处理民族关系的基本原则；第三个题目是情景回归，让学生明白，把社会主义民族关系传承下来、发展下去应从现在做起。

三、教学设计方案

（一）教学目的和要求

1. 知识与技能

识记我国是统一的多民族国家，各族人民共同缔造了伟大的祖国；理解我国新型的民族关系、处理民族关系的基本原则及相互关系。

2. 过程、方法与能力

让学生尝试用历史的、辩证的眼光观察与评价问题，提高学生的比较、鉴别能力；引导学生利用已有知识，分析生活中的实际问题，不断提高综合运用知识的能力。

3. 情感、态度和价值观

培养学生尊重不同民族风俗习惯，与不同民族团结友爱、和睦相处的观念和理性爱国观念。

（二）使用的教学方法

1. 教法：情景教学法、社会调查法、课堂探究法

根据本节课的内容，在充分估计学生的课堂反映情况的前提下，运用小活动、图片及具体事例，借助多媒体技术创设情景的方法；组织学生分组讨论的方法；启发引导学生自主理解学习、合作学习、探究学习的方法。使学生在此基础上掌握知识，获得能力，提高觉悟。

2. 学法：引导学生由被动学习转为自主学习，单独学习转为合作学习，获取学习转为探究学习。

在教学中，我主要采用启发思考和组织学生讨论等教学方法，充分发挥学生的主体性作用，并注意培养学生的自学能力、抽象思维能力和理论与实践相结合的能力。

（三）教学过程设计（摘要）

1. 小活动竞赛，导入新课

通过写少数民族名称比赛引出“处理民族关系的原则”课题。

教师：有一句话说得好，“56个民族56枝花，56个兄弟姐妹是一家”。我国有56个民族，除汉族以外，还有55个少数民族。我们来做个小活动，请大家来写写你所知道的少数民族。（学生踊跃到黑板上写自己知道的少数民族）

2. 播放视频，引入情境

（1）民主改革前，旧西藏人民的生存状况（请同学分析说明）。

（2）民主改革后，西藏人民的生存状况（请同学分析说明）。

展示材料：旧西藏实行的是政教合一的封建农奴制度，占全区总人口不到5%的农奴主，拥有所有的生产资料和占全区人口95%以上的农奴。百万农奴受到残酷的剥削和压迫，没有生存的基本条件和做人的基本尊严。他们“能带走的只是自己的身影，能留下的只有自己的脚印”。

3. 小组合作，问题探究

探究问题：为什么西藏能实现历史性跨越?

学生分组进行探究活动，引导学生得出以下几个主要的原因：

（1）中国共产党领导西藏人民进行民主改革；

（2）改革开放政策，发展社会主义市场经济；

（3）国家、其他地区的无私援助；

（4）国家制定了正确的宗教和民族政策；等等。

4. 互助合作，探究新知

识记我国是统一的多民族国家，各族人民共同缔造了伟大的祖国；理解我国新型的民族关系、处理民族关系的基本原则及相互关系。

（1）任何国家都是由一定的民族组成的。我国有56个民族，除汉族外，其他55个民族被称为“少数民族”，我国所有民族统称为“中华民族”。各民族共同缔造了我们伟大的祖国，共同开拓了祖国的疆土，共同发展了祖国的经济和文化，共同捍卫了祖国的独立和尊严。我国是统一的多民族国家，这是我国重要的国情之一。

（2）学习探究第一个原则：民族平等原则。

依据：宪法规定“中华人民共和国各民族一律平等”。

原因：各民族只有人口多少和发展程度上的差别，绝无高低优劣之分；我国各族人民都对祖国的文明作出了贡献，都是国家的主人。

含义：各民族都依法平等地享有政治、经济、文化和社会等方面的权利，依法平等地履行应尽的义务。

主要表现：政治权利、社会地位平等——2009 年 3 月 5 日，少数民族人大代表肩负着各族人民的重托陆续进入第十一届全国人大二次会议会场；人民币上印有少数民族语言；少数民族的风俗习惯和宗教等文化习俗受到尊重。

(3) 学习探究第二个原则：民族团结原则。

含义：各族人民和睦相处、友好往来、互相合作、共同奋斗，谁也离不开谁。

重要性：民族的团结与凝聚力是衡量一个国家综合国力的重要标志之一，是社会稳定的前提，是经济发展和社会进步的保证，是国家统一的基础。

从波黑内战的反面实例说明民族团结的重要性。我们不要民族冲突，我们要民族团结——这是我们的共识。

(4) 学习探究第三个原则：共同繁荣原则。

含义：指各民族政治、经济、科学、文化等都得到发展，民族素质得到提高。

原因：由社会主义的本质决定的；是国家实现现代化和中华民族实现伟大复兴的必然要求。

知识拓展：西部大开发——民族自治地方土地面积占西部总面积的 86.47%；西部大开发区域内的少数民族人口占全国少数民族总人口的 3/4。

民族平等、民族团结、各民族共同繁荣三原则关系：互相联系、不可分割。

5. 分享汇报，辨明事理，回归情境

(1) 探究问题 2：

达赖集团说，西藏问题是所谓“民族问题”。达赖集团在“呼吁书”和“声明”中不止一次提到“民族不平等”。在他们的描述中，西藏人民深受“大汉民族主义思想和行为的侵害”。

你认为西藏问题是民族不平等问题吗？试应用所学知识并结合事实加以论证（分别请同学把在课外收集的事实材料拿来与同学分享，并以此作为论证材料）。

(2) 如何以实际行动来巩固和发展社会主义新型的民族关系？

①我们应该珍惜、巩固和发展社会主义新型的民族关系；

②我们要自觉履行宪法规定的维护国家统一和全国各民族团结的义务；

③我们要把巩固和发展社会主义新型的民族关系付诸行动。

6. 练习反馈，巩固双基，训练思维，课堂小结

课堂小结：本节课主要学习探讨了一个观点，两种关系，三个原则。一个观点即 56 个民族共同缔造了伟大的祖国，两种关系即我国的社会主义新型民族关系、我国处理民族关系的三大原则之间的关系，三个原则即坚持民族平等、民族团结、各民族共同繁荣的原则。

7. 歌曲欣赏，提升觉悟——以欣赏歌曲《爱我中华》结束新课

多媒体展示，请同学们欣赏宋祖英的歌曲《爱我中华》。宋祖英这首饱满深情的民族之歌唱出了全国各族人民的共同心声，各族人民在统一的祖国大家庭内团结、友爱、和睦相处。

分析：由一首歌曲欣赏结束新课，营造了一种激昂的氛围，巧妙地创造了情境，容易激发学生的情意，学生亦从歌曲中认识到我们的祖国并不是哪一个民族缔造的，中华民族是 56 个民族的合称，56 个民族共同缔造了我们伟大的祖国。我们必须坚持处理民族关系的基本原则——平等、团结、共同繁荣。这样对提升学生的思想觉悟，起到了较好的效果。

四、教学过程流程图

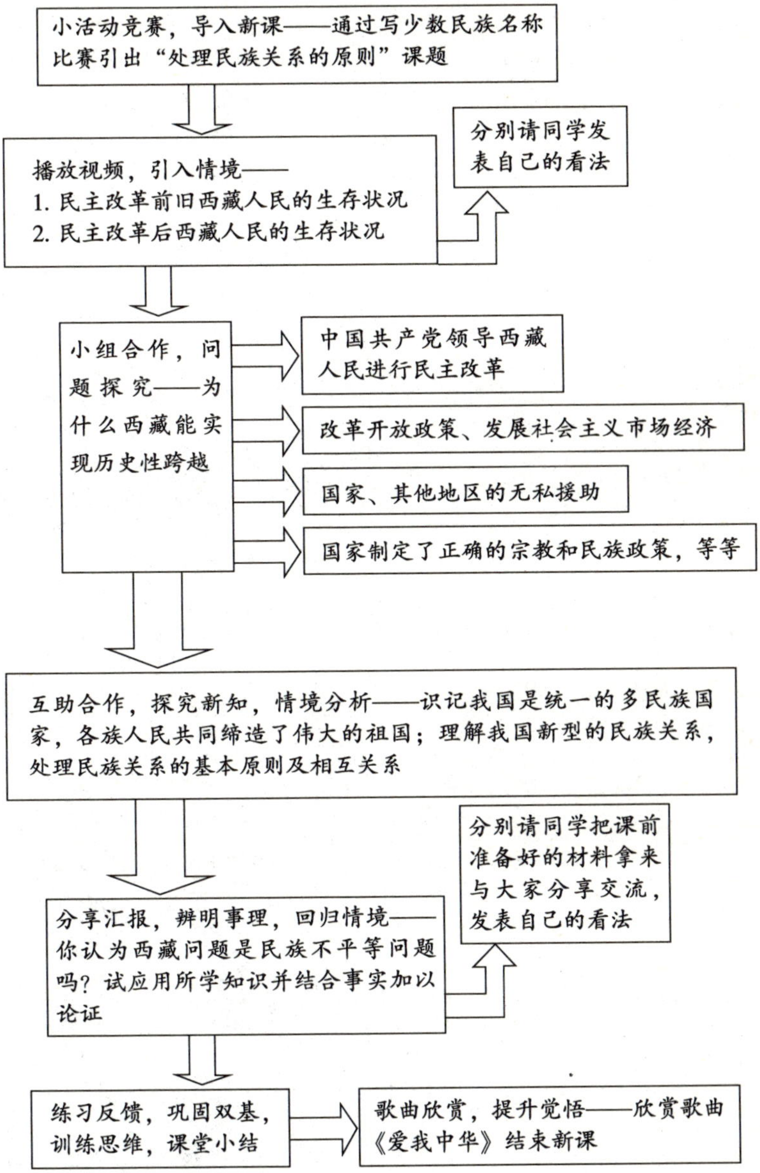
小活动竞赛，导入新课——通过写少数民族名称比赛引出“处理民族关系的原则”课题
播放视频，引入情境——
1. 民主改革前旧西藏人民的生存状况
2. 民主改革后西藏人民的生存状况
分别请同学发表自己的看法
小组合作，问题探究——为什么西藏能实现历史性跨越
中国共产党领导西藏人民进行民主改革
改革开放政策、发展社会主义市场经济
国家、其他地区的无私援助
国家制定了正确的宗教和民族政策，等等
互助合作，探究新知，情境分析——识记我国是统一的多民族国家，各族人民共同缔造了伟大的祖国；理解我国新型的民族关系，处理民族关系的基本原则及相互关系
分享汇报，辨明事理，回归情境——你认为西藏问题是民族不平等问题吗？试应用所学知识并结合事实加以论证
分别请同学把课前准备好的材料拿来与大家分享交流，发表自己的看法
练习反馈，巩固双基，训练思维，课堂小结
歌曲欣赏，提升觉悟——欣赏歌曲《爱我中华》结束新课

第七章 多管齐下：思想政治课加强人文教育的主要途径

当前新课改中提出的知识、能力、情感态度与价值观三位一体的要求不仅是21世纪素质教育的迫切要求，而且是人文价值取向的要求。因此，我们在对学生进行思想政治教育时，在进行教学理念、方法的探索时，必须时刻挖掘人文精神的内容，不断地探索符合新课改要求的人文教育新途径。

第一节　以思想政治课教师自身素质促进学生人文素质提高

从《教师的课堂教学语言主要存在的问题》说开去——

目前，教师的课堂教学语言主要存在以下三个方面的问题：

问题一：教学语言缺乏针对性。有些教师没有对学生和教材进行深入的研究，教学语言没有体现因材施教、有的放矢的原则，不符合学生心理发展的规律，也不符合学生的个性特点，更不符合时代发展的要求，讲的话让学生觉得"云里雾里"，脱离学生的实际生活，学生根本接受不了。例如，有教师在讲数学应用题时，举的例子还是原来"生产队"里的事，这虽然涉及教学案例的使用问题，但其实也是教学语言的问题，因为教师表述这个例子就要使用教学语言，学生对"生产队"根本不熟悉，不太乐意去听，就会产生听觉疲劳，教学效果怎样也就可想而知了。

问题二：教学语言忽视情感性。在中学课堂里，我们经常可以看到一种现象：教师在上面讲得"热火朝天"，讲台下部分学生睡得"昏天黑地"，或是为别的事情忙得"不亦乐乎"。出现这种无效教学的情况，究其原因，除了这部分学生学习基础差、学习缺乏动力和兴趣外，还有另外一个原因，那就是我们教师上课没有激情，在课堂上使用的教学语言缺乏表现力和吸引力，学生的注意力没有被教师"牵引"过来。也就是说，教学语言很难对学生产生"情感牵动"，教学也就难以形成师生互动的良好局面。

问题三：教学语言存在随意性。有时，我们教师在教学时运用的不当的语言会在不经意间伤害学生，有损师德形象，令学生生厌，挫伤学生的学习兴趣和学习热情，使学生产生对任课教师的抵触情绪。现实中，有些学生在学习中出现偏科现象，喜欢这几门功课而不喜欢别的功课，这在一定程度上与教师的教学语言对学生潜移默化的影响是分不开的。

西方的一些心理学家曾做过统计，发现教学效果的好坏与教师智力和知识水平无显著关系，而影响教学效果的重要原因是教师课堂语言表达能力的强弱。这也正好印证了前苏联教育家苏霍姆林斯基所说的："教师的语言修养极大程度上决定着学生在课堂上的脑力劳动的效率。"

教师在课堂上高超的、富有魅力的语言表达素质，也是教师人文素质的一个重要表现，是我们做好教育教学工作的重要工具。形象地讲，它是我们教师"过河"的船和桥。

课堂教学语言如此重要，但我们一些教师在教学工作中，由于对课堂语言缺乏正确的认识，或是缺乏应有的语言修养，影响了和谐的师生关系的形成，从而影响了课堂教学质量的提高。

从教师语言表达素质的重要性可以看出，如果教师自身不具备一定的人文素质，是很难塑造培养出符合人文素质要求的学生来的。因此，努力提高高中思想政治教师自身的人文素质和教育教学水平，是在新课改背景下高中思想政治课加强对学生进行人文教育的前提和必然要求。

一、高中思想政治课教师提高自身人文素质的重要性

从《我与"谢师宴"》说开去——

记得自己当年考上大学时，为了表示庆贺，家里简单摆了几桌酒席，请了亲朋好友来做客。当时，我也没有忘记邀请为我付出关心和爱护、付出辛勤和汗水的老师。但由于交通不便，老师们都婉言谢绝了。后来，我写信给我的老师们，对他们的默默奉献、无私的爱表示

敬佩和感谢。

如今，自己也成了老师，有时也会受到毕业班学生家长的邀请，但我都会婉言谢绝。虽然有时家长会误会我“清高”“不给面子”“不近人情”，但我想，作为老师，能看到更多的学生考入高一级学校，得到继续深造的机会，实现人生的一大转折，已经是让我觉得最欣慰的事情了。再说，很多家庭并不富裕，现在读高中、上大学的费用很高，让家长破费那么多，心里实在难安。偶尔碰到个别出于炫耀或攀比而请客的家长，除了坚决拒绝外更是别无选择。

教师是教育者，思想观念会自觉不自觉地影响教育行为，而学生是受教育者，常常被教师引导着、改变着。如果身为教师的我们没有与时俱进的人文精神教育理念作指导，学生能得到健康成长吗？我们塑造和培育出来的学生会被时代欢迎和接受吗？

很多事例告诉我们，教师在很大程度上是学生的一面镜子。镜子好，照出的样子就不会变样；镜子不好，就可能照出一个令人不满意的模样来。教师乱丢瓜子壳和烟头，会给不讲究环境卫生的学生以借口；教师的教育方法简单粗暴，会使学生感到个这个世界的冷漠而无助；教师如果对学生的承诺没有兑现，学生对诚信的认识就会大打折扣；教师用“有色眼镜”看成绩不好的所谓“差生”，平等、公正的人文关怀就会被学生“束之高阁”……

诸如此类的问题启示我们，教师这面“镜子”，必须要经常擦拭，使它更透亮，让学生们照着不会走样。正如温家宝总理 2009 年 9 月 4 日在北京第三十五中学座谈会上强调的：“教育是心灵与心灵的沟通，灵魂与灵魂的交融，人格与人格的对话。”唯有教师人格的高尚，才可能有学生心灵的纯洁。教书者必先强己，育人者必先律己。我们不仅要注重教书，更要注重育人；不仅要注重言传，更要注重身教。广大教师要自觉加强师德修养，坚持以德立身、自尊自律，以自己高尚的情操和良好的思想道德风范教育和感染学生，以自身的人格魅力和卓有成效的工作成就赢得社会的尊重。

在课堂教学中，思想政治课教师人文素质的高低直接影响到学生的思维方式、学习习惯、思想情操、能力培养。因此，教师要学会在教学中尊重并赞赏学生在课堂中表现出的创新精神和分析问题时形成的独创性见解；坚持理论联系实际的原则，在讲解与生活实际相联系的问题时关注到人与自然、人与社会、人与人之间的和谐发展的关系。这些都可以从一定程度上折射出教师的人文素质。高中思想政治课程有它自身的特点和规律。如果教师教育方法出现失误，教学效果不好，它就会妨碍学生的思维发展，成为桎梏学生心灵、泯灭学生个性和快乐的工具。因此，广大思想政治课教师应加强师德修养，具备广博的人文知识，提升自身的人文素质，积极吸取新的教育理念，把高中思想政治教育真正引向生活化、个性化、健康化的道路。

二、 高中思想政治课教师人文素质的内涵

思想政治课教师应提高自身的人文素质。教师的人文素质主要指教师所具有的人文精神以及反映在教师思想道德、心理素质、思维模式、性格情感和人际交往等方面的气质和修养。

教师的人文素质的核心是价值观，它是人格成功的前提。人文素质的水平取决于教师的艺术修养和审美能力，取决于教师驾驭人际关系特别是师生关系的能力。教师的人文素质对于实现学生的可持续发展起着重要的作用。人文教育的主渠道在课堂，如果教师缺乏人文意识，学生便不会在他的教学活动中获得人文精神的熏陶。

高中思想政治学科的深刻性还要求教师能够对事物的发展与规律有深刻的理解，并且有一定的独特见解，这样才能在教学过程中运用丰富的实例与信息唤醒、启迪学生的心智，让学生感受到创造性思维的独特气氛和魅力。

思想政治课教师应具备良好的人格素质。正如教育家乌申斯基所说，“只有人格才能影响人格的形成和发展”，教师人格是完成这种教育的基

础。因此，完美的教师人格不仅可使教师的教育达到“不教而教”的境界，而且可使学生在积极主动地学习书本中存在的事实知识之外，还能把握无法物化在书中的人生哲理，感悟心灵的高尚和自由，从而对学习、生活、工作乃至整个人生都产生一种全新的感受和深层次的把握，激发他们对理想的追求、对真善美的向往、对现实物质主义的超越。也就是说，教师必须在人格上赢得学生的尊重，学生才会产生仰慕之情，并心悦诚服地接受教师的教育。

高中政治课教师要不断提高自身的人文素质，要有贯彻人文教育的信念并真正坚持以人为本。

教师的人格形象对学生是无形却又最有力的教育，是一种“不求而至，不为而成”的潜移默化、润物无声的最有效的教育。教师良好的行为往往会起到潜移默化的作用，对学生产生有意识无意识的熏染，常比正面的说服教育更容易使人接受，甚至产生意想不到的效果。“身教重于言教”，作为政治课教师，第一要树立一种公正观，平等地对待每一位学生；第二要遵守教师基本道德规范，追求完美的人格；第三要加强学习，特别是要学习人文社会科学的新知识、新观念；第四要关注社会热点，关注社会公正，关心人类未来，关爱自然环境；第五要培养自己自由的精神、批判的思维、独立的人格。

三、提高语言表达素质，打造好“过河”的船和桥

教师如何使自己的课堂教学语言充满激情和魅力，起到激发学生学习兴趣、提高课堂教学效益的作用呢？我认为应该从以下三个方面来努力。

第一，教师使用语言要充分考虑教学对象的不同特点，要使课堂语言具有针对性，因人而异、因材施教、有的放矢，符合学生心理特点。对年龄较小的学生，语言表达速度宜慢，语调宜有高有低，形成抑扬顿挫的和谐美。在课堂上提问时，对性格内向的学生，教师讲话时可用引

导性语言和委婉式的语调；而对性格外露的学生，教师可以用直叙性语言和开朗大方的语调。对不同的教学内容也应该采用不同特色的教学语言。

第二，增强语言的表现力和情感性，以教学激情吸引学生，形成师生稳定结合体。只有注入真情实感的课堂语言，才能产生像磁铁一样的吸引力，触动学生的心弦，引起心灵共鸣，使学生对教学内容产生浓厚的兴趣。很多优秀教师的教学之所以具有巨大的魅力，就是因为这些教师的教学语言融进了真情实感，奔涌着情感血液，放射着生命的光泽。

我觉得课堂语言的情感来自两个方面：一是对教材内容所具有情感的理解和揭示，通过教学内容的情感来感染学生。这就要求我们在钻研教材上多下功夫；二是以教师的真情实感来激发学生的情感。这两方面的要求与新课程理念中追求的情感态度与价值观的教学目标是一致的。当然，课堂语言要服从教学任务的需要，使它在合适的“度”内流动，才能打动学生的心灵，产生迷人的魅力，又不至于让情感淹没教学。

第三，提高师德修养，塑造美好的内心世界。“言为心声”，要使语言美，基础在于教师的心灵美，这就要求教师具有良好的思想道德修养。教师有了这种修养和健康的生活情趣，才会热爱教育事业，对学生怀有深厚的感情，才会流露出对学生自然的爱心，这样在教学中才能做到谈吐文雅，语调温和，言之有物，而不会在课堂上语言粗鲁，故作斯文，甚至脏话连篇，油腔滑调，以至于刺伤学生的自尊心，影响师生关系，产生负面的教育教学效果。

四、适应网络时代变化，提高自身修养水平和素质

面对网络时代思想政治教育过程中的基本要素的变化，高中思想政治课教师应自觉地适应网络时代的要求，提高理论修养水平，钻研现代

教育技术，树立“以人为本”的教育新理念，提高思想政治教育和教学的实际效果。

首先，重视分析学生、研究学生。这是适应网络时代学生思想状况复杂性、多变性和反复性的基本前提。生活在这个时代的高中生，比过去的学生思想更活跃，对社会现状了解更多，面对的社会环境更复杂，这是共性。但由于出身不同、家庭教育不同、学校环境不同等因素的影响，学生思想良莠不齐，表现出一定的差异性。学生良好的思想品质和行为习惯，是在与社会上的不良诱惑作斗争的过程中逐渐养成的。在这里，要想真正拒绝不良诱惑，没有坚定的意志力肯定是不行的。而要培养学生的意志力，就必须根据学生的特点采用不同的方法。网络可以说是一把“双刃剑”，对学生有积极意义的同时，又不可避免地对某些学生产生一些负面影响。因此，认真分析和研究每个学生的知识水平、思想状况、所受影响等就显得尤其重要。否则，我们的思想政治教育就缺乏针对性，很难取得教育的实际效果。

其次，作为教育者的思想政治课教师来说，一定要自觉地适应网络时代的要求，更新知识，树立现代教育理念，提高思想政治素质。这是搞好思想政治教育的关键所在。因为大多数政治课教师是在计划经济体制和应试教育氛围中成长起来的。如果不重视知识更新，就会落后于社会的发展和形势的要求，因而要紧跟时代要求。这就要求我们的继续教育不能走形式。现实中，很多教师甚至优秀教师都是靠“逼”让学生学习。考试成绩磨出来了，但学生的锐气——创新素质被磨掉了，这种教育思想必须坚决摒弃。利用网络获取信息和知识的便捷性特点，了解现代教育心理学的最新成果和搜集教育教学资源，并钻研邓小平理论与“三个代表”重要思想，实践科学发展观，学习党的路线、方针和政策，密切关注时事政治。

再次，网络的开放性特点要求思想政治教育的内容和手段也应该讲究开放性。这是取得思想政治教育和教学效果的重要保证。过去我们的教育内容和手段都比较简单，单靠“一支粉笔、一张嘴巴”远远不适应当今网络时代的要求。要多引导学生搞好研究性学习，多进行活动课，多利用多媒体教学，并要引导学生利用互联网上的教育教学专业网站获取积极的政治知识，引导学生关心国家大事，并用正确的立场、观点和方法，培养学生观察分析国际、国内形势的能力。

总之一句话，运用各种教育措施进行教学是为了真正实行素质教育，促进高中生各方面素质和能力的全面发展以及人文素质的提升。

第二节　在社会实践和探究活动课中提高学生人文素质

指导学生参加社会实践，进行广泛的社会调查。通过教师的适当引导，让学生对充满挑战与竞争的社会进行深入的调查，使同学们通过接触现实生活，锻炼自己的实践才能。因此，这个过程也就成了人文精神的培养过程。

建设和谐的校园文化是构建和谐校园的基础，也是高中生健康成长的环境保证。目前出现了对社会实践活动不够重视的情况，针对这一问题，高中思想政治教育应该以“十八大”精神为指引，坚持以社会主义核心价值体系引领思想政治教育，加强社会主义荣辱观教育，积极引导学生参与课外锻炼，充分发挥学校各类社团组织的作用，鼓励大家积极参与社团活动。

一、在实践活动中促进高中生人文精神内化

让学生参与实践活动。社会应该为学生们创造良好的人文环境，让他们在文明祥和、健康发展的社会环境中，耳濡目染，得到良好的人文情怀的滋润，促进他们全面健康的成长。

首先必须优化外部环境。国家要坚持实施科教兴国战略，走可持续发展道路，发展国民经济，扩大就业，改善人民生活，提高人民心理素质，为提高全民的思想道德素质、优化人文环境打下坚实基础；完善民

主制度，加强法制建设，提高人民民主法制意识，严厉惩治腐败，打击各种违法犯罪活动，促进社会稳定，为良好人文环境的形成保驾护航。

同时，坚定不移地发展先进文化，改造落后文化，抵制腐朽文化，弘扬正气，宣传好人好事，抨击歪风邪气，批评缺德言行；弘扬和培育民族精神，激励人民昂扬向上；加强思想道德建设，坚持“德治”与“法治”相结合；大力发展教育和科学事业，提高国民素质，弘扬科学精神；发展文化事业，丰富人民的精神文化生活，为青少年的成长营造良好的社会环境、人文环境。

勇于参与社会实践，在实践中培养学生的人文精神，促进人文精神内化。参加社会实践是高中思想政治课教学的重要途径，它不仅有利于通过实践使学生亲身体验生活、了解社会，认识到思想政治学科的实用价值，而且有利于培养学生的道德情感和道德意志，内化人文精神，积淀人文素质。人文的内涵很丰富，但核心在“人”，作为“人”最本质的东西就是社会性。在教学之中，让学生通过活动体察社会、体察生活，丰富人文情怀，提高对自身的认识。

比如，高一经济生活模块中讲商品和价格问题时，可以布置学生利用周末作市场调查并做好记录（调查记录各种商品的价格，特别是蔬菜、水果等季节性强的商品）。布置这个作业的目的在于让学生学会作市场调查，增强市场意识，更好地理解价值规律。还可以布置课外作业，要求学生采访当地税收部门和各种纳税人，了解征税和纳税情况，为学习财政税收知识作准备。每年班级可以组织代表团上街义务宣传依法纳税的政策，以及到各居民委员会办黑板报。讲市场交易的原则时派学生深入市场，了解市场诚信状况。除此以外，还可以通过组织学生收看录像光碟等形式，指导学生走进生活，走进社会。“万物皆书”，广泛接触社会，才能不断成长。

总之，教师不能唯书示教，要勇于创新，给学生提供更为丰富而有用的资源。

二、遵循搞好探究活动课的基本原则，提升人文素质

在实践活动中内化人文精神的同时，还必须重视发挥活动课对培养学生人文素质的重要作用。我们可以把那些与思想政治学科有较大联系的活动课归类为思想政治活动课。这类活动课与思想政治学科教学相辅相成、相得益彰。在实践中，我总结了思想政治活动课应该遵循的几项基本原则，培养、提高学生的人文素质和各方面能力，实现学校的育人目标。

首先，思想政治活动课必须贴近学生实际，培养学生学习兴趣。

有句话说得好，“兴趣是最好的老师，兴趣是学习的‘催化剂’”。这句话道出了学生学习兴趣的极端重要性。如果学生对一种事物根本不感兴趣，内心就不会有情感牵动，也就不会有求知欲望。怎样才能使学生产生对活动课的兴趣呢？必须使活动课符合学生的认知水平，贴近学生学习、生活的实际。

比如，“三鹿奶粉”含三聚氰胺事件曝光后，报纸、电台等新闻监督机构作了大量的跟踪报道，使学生对产品质量问题也有了更多的关注。为此，我专门设计了“消费者维权：一个沉重的话题”讨论活动课。这次活动课，由于抓住了学生的认识水平，抓住了学生学习、生活的实际，起到了较好的活动效果。同学们认为活动课有趣、有味，不再像过去那样认为思想政治课很枯燥、很难学了。这样，学生关心时事政治、关心国家大事的热情高涨了，学习兴趣也提高了。而且，这也有力地促进了学生对课本上相关知识的透彻理解。

其次，思想政治活动课必须改变单纯的知识学习的现状，培养学生的动手操作等诸项能力。

成功的活动课要让学生学到知识，更要培养学生动手能力。形式各异、丰富多样的思想政治活动课，对学生思维能力、动手能力的培养也是多方面的，主要表现为：

（1）讨论式活动课，比如辩论赛、讨论活动等。这种活动课能提高学生的心理素质水平，培养学生的口头表达能力以及团结协作的集体意识、民主平等的作风。例如，《半月谈》推出校园话题专栏后，我组织学生对相关话题进行了讨论。由于学生很感兴趣，所以起到了很好的教育教学效果。

（2）书面式活动课，如撰写调查报告、政治小论文等。在组织讨论时，我要求学生将讨论发言整理、撰写成小论文，其中有几篇还发表于相关报刊。由此看来，这种形式能够培养学生收集整理资料、信息加工、文字表达等能力，而且使学生有成就感。

（3）调查式活动课，如参观、访问、社会调查等。这类活动课能直接使学生更多地获得感性的第一手材料，学生更能从中发现问题，找出解决问题的具体方案。这样，学生观察能力、人际交往能力及解决问题的能力会上一个新台阶。

（4）综合式活动课。这种活动课不拘泥于具体形式，对学生的综合能力培养有很大的帮助，如一些社会实践活动、公益活动等。

当然，思想政治活动课的很多形式经常会结合到一起，有时很难分开。我们不要拘泥于具体的形式，更主要的是要对活动课内容作精心设计。

再次，思想政治活动课必须发挥学生个性，培养学生的创新思维。

以下是“学校兴起名片热”探究活动课的课堂实录节选——

老师：名片本是成人为了工作应酬的方便进行社会交流的产物。你怎么看在中小学生中出现互赠名片的现象？

学生甲：互赠名片，交友过多，会分散学生学习的注意力，还可能使学生沾染上不良社会习气。学生的主要任务是学习，人际交往只是生活中的一小部分，不该投入过多的精力。很多学生就是因为通过互赠名片，结交了过多不三不四的朋友，根本没有心思读书，学习成绩一落千丈。

老师：一方面说明他们随着年龄的增长，迫切渴望与同学交流和沟通，这是身心发展的正常反映，对此我们不必大惊小怪；另一方面也应该看到，这种社交成人化的交往方式泛滥，对于中小学生这个特殊的人群来说，潜伏着危害他们健康成长的一些不利因素，这些负面影响不容忽视。

学生乙：学生互赠名片很大程度上是为了满足心理需要，会助长学生的攀比心理。有的学生名片上甚至印有父母官衔、家庭收入等，这样做无非在更大程度上满足了他们攀比的虚荣心理，这对他们身心健康成长及健全人格的塑造肯定有害无益。

学生丙：名片上姓名、电话、家庭住址等信息全有，一旦给社会上的坏人可乘之机，很容易形成不安全因素，将会给自己和家长带来不必要的麻烦。

教师：孩子辨别是非能力较差，因此，对于那些受好奇心、虚荣心驱动，或有从众心理、急于表现自己的“名片族”，该怎么办？

学生丁：我觉得解决的办法是，家长和教师应该加强教育，引导他们树立正确的交际观，以健康的心理对待友谊，告诉他们该交什么样的朋友，而不是让带有功利性质的人际交往观误导孩子。

传统的政治课教学，教师“一支粉笔，一张嘴巴，一本教材”，课堂“满堂灌”，要求学生死记硬背书本知识，采取的是一种强迫式、命令式的教学方法。这样做会泯灭学生的个性特长，桎梏学生的思维，不利于对学生创新思维、创造能力的培养。我们要在探究活动中培养学生分析问题和解决问题的能力。

在活动课中，教师不可能仅依靠课本讲授完成教学任务。它是学生自主学习、自主思考的实践性活动。在活动中，为了完成所要求的任务，每个学生必须独立地承担一定的责任。为了履行责任，他们必须依靠自己的头脑和身体独立地思考和行动。这样，学生就敢想、敢说、敢做，而不会受到教师思维定式的影响，学生就不乏闪光的新思想、新做法、新精神出现，就会展现出学生独立自主的个性，培养学生的创新精神和创造能力。

因而，教师应该避免成为一个传授者，而应力求成为学生直接参与学习的促进者、组织者和引导者。

最后，思想政治活动课必须牵动学生的思想情感，实现知行转化。

知识、能力、情感态度价值观三位一体的教学目标，不仅要体现在思想政治学科教学中，还要体现在活动课中。知识的学习，能力的培养，比较容易实现，但情感态度价值观的形成却是不易做到的。因为，学生从知到行的转化是一个复杂、持久、深刻、反复的过程。

在活动中，只有牵动了学生的内在情感，知行转化才会有心理基础。因而，这种情感是思想认识的强化剂，是升华为实际行动的桥梁。在思想政治活动课中，特别要遵循这个原则。比如，要培养学生的爱国情操、自强不息的拼搏精神、无私奉献的优良品质，单靠说教显然是不行的，也起不到很好的效果。为此，我根据党的“十七大”关于全面建设小康社会的有关精神、“神舟七号”载人飞船科学工作人员取得的辉煌成绩、我国成功举办奥运会等重大事件，组织学生开展活动。通过学习、看录像、撰写小论文、参观等喜闻乐见的形式，学生对航天英雄以及我国各条战线上的人民群众和干部认识更深了，思想上也与他们产生了共鸣。这样，在活动中牵动学生情感，学生从思想认识到行为的知行转化就不至于成为一句空洞的口号了。

总之，上好思想政治探究活动课，是实现高中思想政治课教学从“应试教育”向“素质教育”转轨的好途径和好载体。把活动课与学科教学很好地联系起来，就一定能激发学生的学习兴趣，培养学生的动手能力和创新精神，全面提高学生的综合素质和人文素质。

第三节 提高研究性学习的能力，培养学生的创新精神

创新意识和创新精神是人文素质的重要组成部分。本次新课改的核心是培养学生的创新精神和实践能力。研究性学习，正是对这一宗旨的具体化贯彻，无疑是这次新课改的显著特征。搞好高中思想政治课的研究性学习，不但可以培养学生的科学精神，同样也可以培养学生合作、表达、人际交流等多方面的人文素质。通过研究性学习，学生初步形成了较强的社会责任意识，主要包括：初步形成对人与自然、人与社会关系的正确认识；初步形成关注社会进步的意识，懂得“社会发展，人人有责”的基本道理。学生在实践能力、创新能力上得到了锻炼，初步养成了科学的分析问题、解决问题的能力。

一、什么是研究性学习

研究性学习是学生在教师的指导下，通过选择一定的课题，以类似科学研究的方式，进行主动探究的一种教学方式。它是在素质教育和创新教育的理念下催生出的一种全新的教学方式。与传统的授受式教学相比较，研究性学习着眼于学生主体的发展，着力于学生学习能力的培养，强调学生的探究和创新。它要求学生在学习过程中不拘泥于书本、不迷信权威、不墨守成规。它要求教师尽量减少对学生的限制，并适时适度地给学生帮助，鼓励学生充分发挥自己的想象力和主

观能动性，独立思考，大胆探索，标新立异，积极提出自己的新观点、新思路、新方法。研究性学习的这些特点，为学校创新教育开辟了一条崭新的途径。

二、研究性学习有利于培养高中生创新精神的人文素质

与一般的运用知识解决问题的教学活动相比较，研究性学习具有更明显的开放性。学生在这种方式下学习，思维空前活跃，个性能得到充分发展，也最易激发学生的创新意识。因此，思想政治课教师要充分利用研究性学习的这一特点，不失时机地培养学生的创新意识这一重要的人文素质。

首先，教师要给学生提供活动的空间和思考的时间，让学生走进生活，走向社会。

在充分的社会生活实践中，利用理想生活与实际现状之间的矛盾激发起学生的疑惑，并使其进入一种积极主动的思考状态，从而产生创新与探索的强烈欲望。一旦学生具有创新的意识，他们就会把周围日常生活中遇到的不便或新鲜的、新奇的问题，自觉地纳入自己的思维之中，并进行研究。

营造开放性氛围不仅要拓展学生活动的时空，更要注意营造一个自由、和谐、民主的创造性氛围，并将其贯穿于研究性学习的全过程。教师要尊重学生的个性和人格，充分肯定学生课题组的工作，鼓励课题组同学多方面、多角度、多层次地提出自己的不同观点并进行多向交流。在这样的氛围下，学生就勇于发现问题、敢于提出问题、苛求解决问题，他们的创新意识就自然而然地得到了培养。

研究性学习案例分析

高中生消费状况的调查分析

近些年来，随着经济发展，人们生活水平普遍提高，社会消费市场也有了深刻的变化。网络技术发展，学生网购成风。我国高中生人

数非常多，高中生的消费状况越来越引起学校、家长和社会的关注。我们看到，部分学生的消费状况越来越不合理，盲目攀比、乱消费等现象比较突出。他们没有树立正确的消费观，给自己的家庭带来了经济负担，也助长了部分学生的坏习惯、坏风气。为了更深入了解本地区高中生的消费状况和消费倾向，让他们树立健康理性的消费观念，走上正确的消费道路，结合所学知识，决定开展本次研究性学习探究活动。

课题研究所要解决的主要问题及目标：

（1）调查分析高中生消费的现状；

（2）探究高中生消费现状形成的主要原因；

（3）现阶段我国中学生消费结构发生了怎么样的变化；

（4）坚持正确的消费原则和树立正确的消费观的必要性；

（5）解决不合理消费方式的策略、途径。

其次，强化学生主体意识，培养学生的创新能力。

在一切的创造发明中，创新意识、创造精神是基础，而创新能力是核心。广博的科学知识、敏锐的观察能力、创造性的想象力、创新思维能力以及创新实践能力等形成了创新能力。创新能力可分为两种：一种是特殊才能的创造能力，即科学家等杰出人物的创造能力，他们的发明创造对整个社会来说是新颖的、独特的、前所未有的；另一种是实现自我突破的创新能力。即对个人来说是新颖的、独特的创造力。研究性学习主要是培养学生自我突破的创新能力。

（1）想象能力的培养。爱因斯坦说过："想象力比知识更重要，因为知识是有限的，而想象力概括世界上的一切，并且是知识进步的源泉。"想象能力对于学生形成创新能力具有积极作用。在研究性学习过程中培养学生的想象能力，首先要有意识地训练学生的联想能力。平时，可以就某一物、某一事或某一现象组织学生展开联想并进行交流，让各自的思维相撞，产生智慧的火花。其次，在研究性学习过程中要鼓励学生对研究结果进行各种各样的猜想。有了猜想，才能有努力的方向，才可能取得创新的成果。然后教师再引导学生针对自己的猜想设计研究方案，展开研究。

（2）创新思维的培养。创新思维具有求异性、灵活性、独创性和灵感性等特点，其主要体现在灵活性上。一是思维方式灵活，善于从不同角度思考；二是思维过程灵活，从分析到综合，从综合到分析，全面灵活地进行综合分析；三是迁移能力灵活，能举一反三，进行发散思维。研究性学习具有主体性和探究性的特点。这在客观上为学生提供了自由、宽松的环境和广泛活动的时间和空间。在主观上，学生在整个过程中都处在一种紧张、积极、活跃、兴奋的状态。从选题到计划的制订，再到收集资料，最终到成果呈现，无不渗透着他们的积极思考与探索。因此，研究性学习是创新思维成长的沃土。

三、高中思想政治课开展研究性学习的基本要求

高中思想政治课研究性课题的设置和选择恰当与否，在很大程度上影响人文教育的效果和质量。教师在课堂教学中，要根据教材内容，启发学生的思维，帮助学生发现、捕捉问题。这是引导学生开展研究性学习的基础。例如，在学习“国家的宏观调控”一课时，针对市场调节具有自发性、盲目性、滞后性的弱点，可以启发学生思考：市场调节的种种缺陷能不能克服？如何克服？在思考如何克服市场调节的缺陷时，学生的思维相当活跃。有的说需要政府干预，如果说市场调节是一只“无形的手”的话，国家的宏观调控就是一只“有形的手”，“有形手”和“无形手”应该手拉手；还有的同学说要加强行业自律，可以成立行业协会等。显然，学生的有些思考已经超出了教材的范围，带有探究的性质。

教师在指导学生选择课题时需要注意以下几个问题：

（1）课题内容应该是思想政治学科领域中的核心知识，对学生的理解能力和创造性思维能力具有重要的价值。（2）课题内容的难度适用于

学生的年龄特点和能力水平。(3) 课题内容要与社会实践紧密联系。但指导不能变成包办，可以安排学生群体之间开展选题交流，让学生个人分析自己的兴趣和特长，鼓励学生自主决定可以参与的研究性学习的课题。

在近几年思想政治课教学的实践中，我指导学生捕捉了许多社会热点问题，并把它们作为研究课题。诸如“机遇与挑战——世界金融危机对当地经济的影响”“关注城市边沿群体——外来民工生存状况调查”“私营企业职工劳动保护现状与思考”，等等。学生带着高度的社会责任感与探索精神，敢于涉足社会热点问题并在积极的研究中寻求科学、正确的解决方案。同时在研究中学习知识，磨炼研究技能，不断成长，提升创新精神等人文素质。

研究性学习对评价过程提出了许多要求，对改善现行的评价实践提出了许多挑战。由于研究性活动往往是以学生为中心的真实任务驱动的过程，探究的结果也往往是作品、调查报告、实验观察报告等。因此，研究性学习的评价不仅要求对传统的评价方法，包括测验、作业等进行改造，更需要发展一些关注学习过程表现的新评价方法（工具）。量规便是其中一种有效的研究性学习评价工具。

我们以《高中生消费状况的调查分析》为例，在研究性学习的过程中，制订研究性学习的评价量规表。很显然，这样做的目的是引导学生的学习活动，规范研究性学习的过程，促使学习活动顺利开展，有利于取得较好的学习效果。

《高中生消费状况的调查分析》研究性学习成果评价量规表

评价指标	评价等级及分值				得分		
	A（100—80分）	B（79—60分）	C（59—40分）	D（40分以下）	自评	互评	教师评
目的方法（权重0.2）	研究目的明确，非常清楚活动的具体要求，掌握本次活动的主要研究方法，积极参与，希望通过本次研究性活动转变不合理的消费观念，提高学生分析问题和解决问题的能力	研究目的基本明确，清楚活动的具体要求，基本了解本次活动的主要研究方法，比较积极地参与，希望通过本次研究性活动转变不合理的消费观念，提高自己分析问题和解决问题的能力	研究目的不明确，不清楚活动的具体要求，消极应付	基本不了解本次研究性学习活动的具体要求与方法，抱着无所谓的态度			
研究方案（权重0.2）	小组独立制订完整规范可行的方案，各成员非常清楚方案的内容以及自己的任务与要求	小组能够制订方案，各成员基本明确方案的内容以及自己的任务与要求	小组制订的方案不完整、不规范、可行性不强，各成员不清楚方案的内容以及自己的任务与要求	小组没有可行的方案，各成员不清楚方案的内容以及自己的任务与要求			
探究合作（权重0.2）	分工明确，交流共享，主动配合、帮助同学。小组长得力，组织能力强，工作主动，成员有较强的参与和合作意识	分工基本明确，交流共享较好，能够做到互帮互助，小组长能够组织本组同学开展活动，成员有一定的参与能力	在组员的督促下能完成一些任务	被动，不能完成相关任务，缺乏参与精神和合作能力			

续表

评价指标	评价等级及分值				得分		
	A（100—80分）	B（79—60分）	C（59—40分）	D（40分以下）	自评	互评	教师评
收集材料（权重0.2）	调查问卷、访谈记录和其他电子材料齐全，内容真实，所收集的材料有很强的针对性和说服力，能够正确分类处理材料	调查问卷、访谈记录和其他电子材料基本齐全，收集的材料有一定的针对性和说服力，材料基本能够分类处理	有一些材料，但很不齐全、比较零散	没有收集材料，或者仅有些与本研究性课题无关的材料			
研究成果（权重0.2）	总结报告的撰写格式规范符合要求，观点明确，能够引用材料很好地阐述观点，做到观点与材料统一，能够很好地分析问题并有针对性的提出解决不合理消费问题的对策，对人有启迪作用	总结报告的撰写格式基本符合要求，观点基本明确，能够引用材料阐述观点，做到观点与材料统一，能够分析问题并提出解决不合理消费问题的对策，对人有一定的启迪作用	总结报告的撰写格式不规范、观点不明确，罗列材料、引用材料不能很好地阐述观点，没有很好地分析问题，没有提出解决消费问题的对策	没有总结报告，即使有也是不知所云，没有分析问题			
小计							

第四节　在时政教育中加强人文教育，提升学生人文素质

时政是关于国家政治生活中新近或正在发生的事实的报道，主要表现为政党、社会集团、社会势力在处理国家生活和国际关系方面的方针、政策和活动。它既包括国际国内发生的重大事件，也包括关系人们切身利益的实际问题。

提高民族素质，对青年学生来说，就是要按照“四有”的社会主义新人要求，全面提高自己的思想道德素质、科学文化素质、身体心理素质和劳动技能素质，在德、智、体、美全面发展的道路上不断前进。在民族素质中，思想政治素质是最重要的素质。因此，提高民族素质，最重要的是坚持正确的政治方向，培养良好的思想品德，这已被确立为青年学生的成才目标。因此，作为高中政治课重要补充的时政教育不能仅仅满足于让学生浏览一些国内外大事，而是要引导学生用正确的观点分析时事。这就要求我们教师必须甄选时政内容，突显其德育功能。

一、时政教育对提高学生人文素质具有重要的作用

在高中思想政治学科教材中，很多内容涉及时事政治。但由于课本
于当前的形势，所以需要更新、补充教材上的一些时政材料，
。我们在教学中认真做好时政教育不仅可以帮助学生正确
形势，养成关心国内外大事的良好习惯，而且有利于激

发学生的爱国主义情感，逐步树立正确的世界观、人生观和价值观，有效地促进知识与能力、过程与方法、情感态度价值观的三维目标的实现，有利于改变政治课和政治课老师的形象，提高学生的综合素质。由此可见，时政教育在政治课教学中具有重要的地位。具体来说，时政教育对提高高中生人文素质的作用主要体现在以下几个方面：

（1）增强学生的主体参与意识，激发学生学习思想政治课的兴趣。长期以来，在高中政治课堂教学上，教师都是直接利用教材中的事例进行讲解的，殊不知教材中的事例虽然具有相对稳定性的特点，但也存在滞后性的缺陷。而选用现实生活中新近发生的材料进行“以案说法”，增强了现实感和新鲜感。这不仅增强了学生学习的主动性，还激发了学生的学习兴趣，并诱发学生的好奇心，激起求知欲，使学生感到生活中处处有活例，从而培养学生理论联系实际的能力，增强学生的主体参与意识。这样，可以扩展学生的知识视野，提高学生分析问题、解决问题的能力，提升学生的人文素质。

（2）激发创新思维，完善学生的能力结构。创造性思维具有独立性、求异性、连动性、多向性、跨越性和综合性等特点。在高中阶段，它往往以“设疑”“联想”等形式出现。学生在时政教育中实际上就经历了发现问题、分析问题、解决问题的过程。这一过程一方面是会暴露学生产生各种疑问、困难、障碍的过程，另一方面是展示学生发挥聪明才智、形成独特个性与创新成果的过程，从而激发出学生创造性思维的火花。比如，针对一个非常热的问题——房地产价格上涨，学生首先收集了大量的材料，在阐述、评论这些材料时就自然地产生了疑问：为什么会涨？开发商自身怎么办？党和政府怎么办？很自然地，在教师的引导下，学生渐渐能运用供求关系和价值规律、财政和货币政策、宏观调控等相关知识去分析这个问题。在这一过程中，学生不仅领会了教材中的理论知识，同时，在不知不觉中锻炼、培养了搜集、处理信息的能力、分析和解决问题的能力、交流与合作的能力、语言表达的能力等，这就完善了学生的能力结构。

（3）能增强学生的自我教育能力，深化情感，培养高度的责任感，促进学生全面发展。现实中的学生由于认知能力的欠缺和认识的局限性，以及现实生活中的阴暗面和法律实施中的违法现象会通过各种信息渠道为学生所知，学生必然会对一些政治理论产生疑问，无法产生认同感。教师利用可靠的时政材料进行教学胜于滔滔不绝的雄辩，增强了教学的实效性。他们置身于时政材料情景氛围中，感同身受，容易与材料中的人物进行角色互换，在感性的体验后，可提高学生的自我教育能力，深化情感，培养高度的责任感，促进学生全面发展。这就达到了时政教育应该着重加强对学生能力以及情感、态度和价值观等人文素质的培养的目的。

同时，不定时地举行时事政治知识或时事评论竞赛等活动，还可以培养高中生的竞争意识、团队合作精神、责任意识以及提高学生获取信息、整理信息、应用信息的能力和素质。只要我们讲究方法，勤于探索，时政教育一定能在我们的政治课教学中大放异彩，在促进高中生人文素质上取得长足进步。

二、 高中思想政治课时政教育主要关注的重点内容

我们对学生进行实时政治教育的目的就是要在帮助学生了解国内外形势，理解党和国家的重要方针、政策的基础上提高学生应用知识分析问题、解决问题的能力，提高学生的政治觉悟，培养学生的爱国主义情感、高尚的人格、勇于承担社会责任等人文素质。

时事政治的教学不能只关心某一方面的新闻，它应该包括政治、经济、文化、体育、卫生等各个方面，是综合性、全方位的，否则就不能让学生全面了解认识社会，不利于学生素质和能力的全面提高。另外，时事政治教育强调的是理论联系实际，要求学生综合运用所学知识，多角度、多层次地对国际、国内时事和热点及各种社会现象进行分析、评说。同时，在教学中必须要联系历史知识、地理知识等，以便培养学生

的综合能力。

寓人文精神培育于重大时事教育之中，精心筛选体现当代人文精神的时事资料进行深刻分析，有倾向地进行人文精神的教育。例如，通过一些地方政府牺牲环保发展经济，忽视安全生产矿难频发等事例的介绍分析，可以引出诸如“人、自然、社会和谐发展”“增强社会责任感”等人文精神的内容，达到实施人文精神教育的目的。

在时政教育中，以我国当前存在的人们普遍关注的问题为素材，引导学生关注和思考我国社会主义现代化建设所面临的突出问题。这些问题主要包括：

第一，人类共同关注的生存、发展和生活质量问题。如艾滋病、贫困问题、“朝核问题”、国际反恐活动、资源环境能源问题、人口老龄化问题等。

第二，党和国家着力解决的，与经济社会发展和人民群众生活密切相关的问题。如经济发展方式转变（投资与消费）、产业结构优化升级、建设社会主义新农村、区域协调发展、扩大开放、推进和谐社会建设（缩小收入差距、扩大就业、社会保障制度改革、推进教育公平、确保公民安全）。另外还有可持续发展、工业化和信息化、应对金融危机、保增长促发展、科技自主创新、能源问题、重点工程建设等。

第三，与社会成员尤其是青年学生密切相关的，引领价值导向的问题。如弘扬民族精神和道德榜样的力量，倡导社会责任感、网络文明、和谐文化、科学消费，树立社会主义荣辱观等。

第四，反映时代特征和国家意志的新观点、新理论、新成果、新信息。如党的“十七大”以来的新亮点（中国特色社会主义、科学发展观、生态文明、文化大发展大繁荣、建立社会主义核心价值体系、初次分配也要体现公平、财产性收入等）、探月工程、载人航天工程、循环经济法的出台、幸福指数、和谐世界等。又如，党的十八届三中全会作出全面深化改革决定，提出的“市场在资源配置中起决定性作用”理论观点的重大突破。

三、在高中思想政治课中开展时政教育要注意的问题

第一，积累时事素材，走上社会，使时政知识与现实生活接轨。

“理论是灰色的，生活之树常青。”高中生一般受知识结构和社会阅历的限制，对纯粹的时政知识只能理论的接受。要想真正理解、掌握，还须进一步走向社会，不断实践。在方式上，开展社会调查与撰写时政小论文相结合是培养学生理论联系实际、真正提高时政教学实效的有效形式。

例如，针对近年来我国“应对金融危机，促进经济增长，加强宏观调控”的热点问题，时政教学过程中教师普遍感到内容较抽象、空洞。因此，我们在教学中，首先布置学生通过社会调查，深入企业车间，了解企业的生产和市场的变化，对现代企业管理制度改革以及企业资本、技术、土地、劳动力等生产要素的组织运行，进行周密、细致的调查和记录，有条件的还可以采访政府有关部门。然后要求学生上网查找相关资料，丰富素材，归类总结，提出自己的见解或观点，做到有根有据，撰写自己的时政小论文。最后，在班级内交流，把优秀小论文推荐给校刊发表。实践证明，积极开展社会调查和时政小论文评选活动，能够巧妙地把教室小课堂和社会大课堂紧密结合起来，拓宽学生的知识视野，更有助于学生走上社会，实现知识、能力和觉悟的相互促进与提高，达到学以致用的目的。

第二，拓宽教学渠道，理论联系实际，使时政教学永远充满浓郁的时代气息。

当代高中生个性强，个人见解独特，尤其对风云变幻的国内外重大时事情有独钟。因此，时事政治教学就不能只停留在对国内外大事的简单罗列和拼凑上，更重要的是要水乳交融地“化”时政知识于高中政治课基本观点和原理之中，把两者有机统一起来，帮助他们获得理论的支持和学会科学全面的分析。

比如，在讲述中国与菲律宾“黄岩岛事件”时，联系决定国际关系的主要因素是国家利益；在讲述“朝核问题”时，联系国际竞争的实质和我国独立自主的和平外交政策。与此同时，还有目的、有意识地培养学生观察、分析和说明实际问题的能力，轻松地形成对书本知识的综合、迁移、拓宽和加深，从而达到我们预期的教学目的和要求。在方式上，既可以采用课前新闻发布、学生新闻采集等形式，也可以采用专题讨论等形式把当前发生的重大时事系列化、知识化，再加上适时的时政智力竞赛。

总之，时政教育体现了政治课三维教学目标的要求，体现了新课程理念的要求，体现了素质教育的本质。引导广大学生学习时政、关心国事家事，加强高中生的思想道德教育，帮助其树立和弘扬社会主义荣辱观和科学世界观、人生观，培养广大学生“胸怀祖国、放眼世界”的心胸和眼界，培养具有世界观和全球意识的公民，让他们具有远大理想与敏锐的政治目光，提高对各种现象的判断和辨别能力。

案例 1

2012 年中菲黄岩岛对峙事件

（一）背景材料（主要对峙事件回顾）

4 月 10 日，菲律宾海军欲在南海中沙群岛黄岩岛附近抓扣来自海南省的 10 余艘渔船上的中国渔民，被赶到的中国海监船制止，双方随后进行对峙。

4 月 14 日，中国渔船结束对峙，驶离黄岩岛。

4 月 16 日，中国外交部称，菲律宾在黄岩岛海域仍有 20 余艘船只。更令人惊讶的是，还有一艘“考古船”进入黄岩岛潟湖内开展所谓“考古打捞作业”，船上载有若干菲海警人员和 10 余名法国人。菲律宾外交部称，这艘进行考古作业的船只 14 日下午遭中方船只和飞机“骚扰”。但中国外交部发言人刘为民 16 日称，“根据相关国际公约和中国法律，任何组织和个人未经中国政府许可，均不得进行此类活动（考古作业）。中方要求这艘考古船立即离开黄岩岛海域。”

4月16日，菲律宾与美国举行联合军演。

4月18日，菲律宾向黄岩岛派遣执法船。

4月18日，中国派最先进渔政船赴南海。

4月18日，中国外交部就菲侵权行为提出交涉。

4月22日，中方将两执法船撤离黄岩岛。

4月24日，菲增派警卫队船只赴黄岩岛。

4月28日，菲中止与中国就黄岩岛问题的外交对话。

5月3日，菲将黄岩岛改名为“帕纳塔格礁”。

5月8日，中方称已做好对菲的各种准备。

5月9日，菲方称若遭攻击美国会派兵保卫。

5月10日，中国多地旅行社暂停赴菲旅游业务。

（二）问题设计，教师讲解有关原理、观点

运用高中思想政治必修2政治生活模块中“当代国际社会”的有关知识分析以下5个问题：

1. 为什么会发生中菲对峙事件

（1）竞争、合作和冲突是国际关系的基本形式。国际关系中最主要的是主权国家之间的关系，中菲对峙表现为两国的军事关系和政治冲突。

（2）国家之间之所以出现分离聚合、亲疏冷热的复杂关系，国家利益是决定性因素。各国间既存在某些共同的利益，也存在利益的差别和对立。国家间的共同利益是国家合作的基础，而利益的对立则可能使国家间发生分歧或引起摩擦乃至冲突。这次中菲对峙是由黄岩岛的归属问题引起的，涉及两国的国家利益。

（3）霸权主义与强权政治是解决世界和平与发展问题的主要障碍。菲律宾这次之所以敢比较强硬地向中国挑衅，在于背后有美国撑腰，并试图通过美菲联合军演向中国示威。想要消灭霸权主义和强权政治，就需要世界各国共同努力，建立国际新秩序，保障各国特别是发展中国家的权利，促进世界的和平与发展。

2. 菲律宾的行为侵犯了我国的什么权利

(1) 构成国家的基本要素中最重要的是主权。主权作为国家统一而不可分割的最高权力，是一个国家的生命和灵魂，对外表现是国家最高权力的独立性。黄岩岛自古以来就是中国领土的一部分，菲律宾的行为严重侵犯了中国的主权，干涉了中国的内政。

(2) 主权国家享有独立权、平等权、自卫权和管辖权。中国保护渔民是在行使管辖权，菲律宾与我国对峙侵犯了我国的管辖权。

3. 如何看待菲律宾这次的行为

(1) 联合国的宗旨是维护世界和平，促进国际共同发展。菲律宾的行径违背了联合国的宗旨。菲方将此事诉诸于国际法庭，企图混淆视听、颠倒黑白。

(2) 当今时代的主题是和平与发展。菲律宾的行为违背了和平这一主题，不利于亚太乃至整个世界的和平与稳定。

(3) 国家利益是国际关系的决定因素。但任何主权国家都不应以维护本国利益为由，侵犯别国的主权和安全，干涉别国内政。菲律宾侵犯我国主权的行为是非正义的、错误的，应该受到国际社会的谴责和反对。

4. 如何评价我国这段时间的做法

(1) 中国的做法体现了中国关于构建和谐世界的主张。中国坚持用和平方式而不是战争手段解决国际争端，共同维护世界和平与稳定。中国派出渔政舰船而非军舰解决此事就体现了这一点。

(2) 我国的国家性质和国家利益决定了我国奉行独立自主的和平外交政策。我国就南海问题所做的努力体现了我国外交政策的宗旨、基本目标、基本立场和基本准则。

(3) 我国认真履行联合国宪章规定的义务，以和平方式解决国际争端。我国就南海问题所做的努力体现了这一点。

5. 未来我国应该怎么应对

(1) 我国要坚定地维护国家利益。菲律宾的行为侵犯了我国的安全利益，侵犯了国家的统一、独立、主权和领土完整，我们要坚决反对这种侵略行为，维护我国的国家利益，这也是在维护广大人民的根本利益，是完全正当和正义的。

(2) 我国要奉行独立自主的和平外交政策，坚持独立自主的基本立场。在国际事务中坚决捍卫国家的独立、主权和领土完整，对国际问题自主地决定自己的态度和对策。

(3) 中国将始终不渝地走和平发展的道路，履行联合国宪章规定的义务，尽最大的努力以和平的方式解决这次中菲对峙。但在涉及民族尊严和国家利益的问题上，绝不屈服于任何外来压力；独立自主地处理对内对外事务，绝不允许别国以任何借口侵犯我国主权、干涉我国内政。

(4) 当前国际竞争的实质是以经济和科技实力为基础的综合国力的较量。国家力量是影响国际关系的重要因素，所以我国要大力发展生产力，把发展经济和科技作为国家的战略重点，提升我国的综合国力。

(三) 学生代表发表的有关看法

(1) 主权是一个国家的生命和灵魂，是国家最重要的构成要素，神圣不可侵犯。黄岩岛是我国固有的领土，这是不可质疑的事实。菲律宾军舰没有经过我国的允许，擅自进入黄岩岛内部，企图扣押中国渔民，这是对我国主权的侵犯与挑衅。

主权国家的义务是不侵犯别国，不干涉他国内政，以和平方式解决国际争端。菲律宾作为一个主权国家企图侵犯我国领土，没有履行一个主权国家不应侵犯别国的义务。

国家之间出现分离聚合、亲疏冷热的复杂关系是多种原因综合作用的结果。其中，国家利益是国际关系的决定性因素。我国与菲律宾在黄岩岛问题上因利益不同导致双方发生了冲突。

和平与发展是当今世界的主题。我们要致力于世界和平，构建和谐世界。(罗辛炜)

(2) 主权是一个国家的生命和灵魂，是国家最重要的构成要素，神圣不可侵犯。黄岩岛是我国固有领土，这是不可否定的事实。菲律宾军舰没有经过我国的允许擅自进入黄岩岛的泻湖内，企图扣押中国渔民，这是对我国主权的侵犯和挑衅。

和平与发展是当今时代的主题。我国在维护国家利益的基础上奉行独立自主的和平外交政策。随着政治格局多极化和经济全球化的发展，世界各国之间的联系日益紧密，交流与合作是推动一个国家发展的重要途径，是促进一个民族兴旺发达的重要手段。

中菲“黄岩岛事件”威胁到了国际和平，不利于为经济发展创造一个良好的国际环境。这将对两国的经济和其他领域产生不良的影响。我国身为联合国常任理事国，要继续遵循联合国宪章的宗旨和原则，尽量以和平方式解决黄岩岛问题。

我国要坚持改革开放，坚持以经济建设为中心，不断提升国家竞争力，以大国的姿态傲立于世界民族之林，使一些妄图侵犯我国主权的国家不再如此肆意猖獗。(吴艳萍)

案例 2

中纪委对刘志军严重违纪问题进行了立案检查

(一) 背景材料回顾

2011 年 2 月，经中共中央批准，中共中央纪委对中共中央委员、铁道部原部长、党组书记刘志军严重违纪问题进行了立案侦查。

经查，刘志军滥用职权帮助北京博宥投资管理集团公司董事长丁羽心获取巨额非法利益，造成重大经济损失和恶劣社会影响；收受他人巨额贿赂和贵重物品；道德败坏；对铁路系统出现的严重腐败问题负有主要领导责任。

刘志军的上述行为已构成严重违纪，有的问题已涉嫌犯罪。依据《中国共产党纪律处分条例》等规定，经中央纪委常委会议研究并报中共中央政治局会议审议，决定给予刘志军开除党籍处分，待召开中央委员会全体会议时予以追认；给予刘志军开除行政的处分由监察部按程序报国务院审批后，另行作出；收缴其违纪所得；将其涉嫌犯罪问题移送司法机关依法处理。

党的“十七大”以来，在党中央、国务院坚强领导下，各级纪检监察机关始终保持查办案件工作的强劲势头，在坚决查办大案要案的同时，严肃查办了一大批发生在群众身边的腐败案件，得到中央的充分肯定和社会各界的广泛好评。通过查办案件，严厉惩治了腐败分子，发挥了震慑、诫勉和警示作用，有力遏制了发生在群众身边的腐败问题滋生蔓延的势头。

近年来，许宗衡、张家盟、宋晨光、刘卓志、黄胜、刘志军、薄熙来等高官因被查处，纷纷落马。

（二）问题探究，各抒己见

结合以上材料，运用所学的高中思想政治学科的有关知识请同学们对“反腐倡廉”话题发表自己的看法，写下感想体会。

（三）高中思想政治学科知识与人文教育整合学生成果展示

(1) 我国人民民主专政的特点是对占全国人口绝大多数的人民实行民主，对极少数敌视和破坏社会主义事业的敌对分子进行专政。刘志军的所作所为损害了社会主义国家和人民的利益。将涉嫌犯罪问题移送司法机关依法处理，是对其实行专政的表现。

权力是把双刃剑，政府权力运用得好，可以指挥得法，造福人民；权力一旦被滥用，就会滋生腐败，贻害无穷。为了防止权力的滥用而滋生腐败，政府应对政府工作人员的权力进行制约和监督，防止产生腐败现象。

政府要树立权威。政府及工作人员要科学决策，依法行政，谨慎用权，优化公共服务，完善社会管理，自觉接受人民监督，与人民群众保持和谐关系。不管刘志军的官职、权力有多大，其违法犯罪行为将严重影响政府的权威，损害政府的形象。

价值观对人的活动具有驱动、制约和导向作用。正确的价值观对人的行为起积极的促进作用，错误的价值观把人引向歧途。刘志军因为有了错误的价值观，所以就出现了贪污腐败的行为，从而走上违法犯罪的道路。

政府官员应该把人民群众的利益作为最高的价值标准，把维护人民的利益作为自己的最高价值追求。刘志军没有把维护人民群众的利益作为自己的价值追求，而只顾着自己的私利，产生了腐败行为。

法律面前，人人平等。它表明任何公民平等地享有法律规定的权利，平等地履行法律规定的义务。任何公民的合法权益都受到保护，任何公民的违法行为都要受到法律的制裁。国家在依法实施处罚方面不允许任何人有超越宪法和法律的特权。刘志军作为高级干部也没有任何超越法律的特权，其犯罪行为都逃不过法律的制裁。

事物的发展是由量变到质变，又在新质的基础上开始新的量变，如此循环往复，不断前进。刘志军从一开始的接受小惠小利到发生大的贪污行为，走上违法犯罪的道路，体现了事物由量变到质变的过程。（李玉凤）

（2）政府应坚持以为人民服务为核心，以集体主义为原则，以增强诚信意识为重点。我国公民的政治义务有遵守宪法和法律，维护国家安全、荣誉和利益。首先，刘志军作为一名党的高级干部，涉嫌违纪违法被中纪委立案检查，说明他违背党的纪律，没有遵守国家宪法和法律，有毁国家荣誉、有损国家利益。

刘志军没有依法行政。政府的权力是人民赋予的，由法律授予，行使行政权力必须依据宪法和法律的规定。从根本上讲，政府坚持依法行政，就是坚持全心全意为人民服务的根本宗旨的体现。

权力的行使需要监督。提高行政水平和工作效率，防止滥用权力，防止以权谋私和钱权交易等腐败行为，保证清正廉洁，真正做到权为民所用，利为民所谋，服务于广大人民。真正做到这些，党和国家的高级干部应该起表率作用。

我们要加强社会主义荣辱观的建设。社会主义荣辱观为全体社会成员作出道德选择、价值判断、行为得失提供了最基本的价值取向和行为准则，使我们在做事之前不至于完全迷失自我，有利于引领良好的社会风尚。正确的价值观对人生道路的选择具有重要导向作用。刘志军没有树立正确的价值观，没有自觉站在最广大人民利益的立场上，没有把人民群众的利益作为最高的价值标准。

意识对物质具有反作用，正确的意识能够指导人们有效地开展实践活动，促进客观事物发展。错误的意识会把人的活动引向歧途，刘志军正是受错误意识的影响才会做出严重违纪违法的事情来。有很多国家工作人员对我国的发展贡献很大，起了带头作用。但同时也有不少违纪违法的国家工作人员对我国的发展起到了阻碍的作用。（吴莹莹）

（3）我们作为中华人民共和国的公民，有对任何国家机关和国家工作人员提出批评和建议的权利；有提出申诉、控告或检举的权利。公民在法律面前一律平等，任何公民的违法犯罪活动都会受到法律的制裁，不允许任何人有超越宪法和法律的特权。刘志军即使身为国家政府人员，涉嫌严重违纪也被中纪委立案调查，将其涉嫌犯罪问题移送司法机关依法处理。

政府必须依法行政，提高依法行政的水平。加强立法工作，提高立法质量，严格规范行政执法行为，加强行政执法队伍建设，促进严格执法、公正文明执法。刘志军没有依法行政，还严重违反党的纪律，没有遵守宪法和法律。

为了防止权力的滥用，必须对权力进行制约和监督。而这关键在于健全制约和监督机制：一靠民主，二靠法制，要切实保障广大人民的知情权、参与权、监督权，使人民有效地监督政府权力的运行；加强法制对权力的制约和监督，要用法律制约国家机关工作人员的权力，不让其滥用权力，不让其有超越法律的特权。

公民行使监督权有多种渠道，可以通过信访举报制度、人大代表联系群众制度、舆论监督制度、监督听证会等来监督国家工作人员的行为。这些途径有利于改进国家机关和国家工作人员的工作，减少腐败现象的发生。（汤文芳）

(4) 依法行政的具体要求：合法行政，合理行政，程序正当，高效便民，诚实守信，权责统一。这就需要加强立法工作，提高立法质量，严格规范行政执法行为，加强行政执法队伍建设，促进严格执法，公正执法和文明执法，不断提高执法能力和水平。深化行政管理体制改革，努力形成权责一致、分工合理、决策科学、执行顺畅、监督有力的行政管理体制。

刘志军不仅没有依法行政，而且滥用人民赋予的权力。政府及其工作人员的权力由法律授予，行使行政权力必须依据宪法和法律规定。从根本上讲，政府及其工作人员坚持依法行政，就是坚持全心全意为人民服务的根本宗旨，就是体现为人民服务的原则。

实行民主监督，有利于改进国家机关和国家工作人员的工作，防止权力的滥用，有利于保障人民群众的权利和自由，有利于加强廉政建设、增强政府权威，有利于防止权力的缺失和滥用、提高行政管理水平，有利于带动全社会尊重法律、遵守法律、维护法律，推动社会主义民主法制建设。(王黎)

(5) 我国公民的政治性义务有遵守宪法和法律，维护国家安全、荣誉和利益等。刘志军作为一名领导干部，作为一名公务员，严重违纪，甚至违法，说明他并没有履行宪法和法律规定的义务。

意识对物质具有反作用，正确的意识能够指导人们有效地开展实践活动，促进发展，而错误的意识则能把人引向歧途。

公民在法律面前一律平等，任何公民的违法犯罪行为都会受到法律的制裁。国家在依法实施处罚方面，不允许任何人有超越宪法和法律的特权。

政府依法行政，依法治国，提高行政管理水平，体现出对人民负责的态度。保障人民群众的权利自由，同时加强廉政建设，保障政府及其工作人员不变质，增强政府权威，防止行政权力的缺失和滥用，提高行政管理水平，同时也带动全社会尊重法律、维护法律，推进社会主义民主法制建设。

我们应该在劳动和奉献中创造价值，在个人与社会的统一中实现价值，在砥砺自我中走向成功。我们的领导干部要从刘志军严重违纪问题立案检查案件中汲取教训，得到警示。不管是谁，都要正确发挥人的主观能动性，正确处理个人与集体、个人与社会的关系，实现自我价值。（罗思丽）

参考文献

[1] 吴春花．高中思想政治课教学中提高学生人文素质的研究［D］．上海：上海师范大学，2005.

[2] 杜时忠．人文教育论［M］．南京：江苏教育出版社，1999.

[3] 何齐宗．现代外国教育理论流派述评［M］．南昌：江西高校出版社，2006.

[4] 张廷凯．高中新课程的结构和内容［M］．天津：天津教育出版社，2005.

[5] 朱慕菊．走进新课程［M］．北京：北京师范大学出版社，2002.

[6] 王东莉．德育人文关怀论［M］．北京：中国社会科学出版社，2005.

[7] 金一鸣．教育原理［M］．北京：高等教育出版社，2002.

[8] 赵昶红．高中思想政治教师如何应对人文教育［J］．黑龙江教育学院学报，2005（3）．

[9] 钟志贤．信息化教学模式［M］．北京：北京师范大学出版社，2006.

[10] 刘晓明．中小学心理健康教育［M］．长春：东北师范大学出版社，2004.

[11] 教育部．普通高中思想政治课程标准（实验）［M］．北京：人民教育出版社，2004.

[12] 白丽花．关于高中“思想政治”新课程标准的思考［J］．试教通讯，普通高中2005/10—11合刊（总第13—14期）思想政治专辑（五）．

[13] 刘兆栋．新课程改革对人文精神的关注［J］．齐齐哈尔师范高等专科学校学报，2005（2）．

[14] 张大均．教育心理学［M］．北京：人民教育出版社，2011.

[15] 刘慧婷，高军．当代人文精神的构建原则及教育视野下构建的途径［J］．思想政治教育研究，2004（1）．

[16] 张洪高．新基础教育课程改革中鲜明的人文倾向［J］．教育发展研究，2002（12）．

[17] 周振东．高中政治教学中人文精神教育初探［J］．中学政治教学参考，2002（7）．

[18] 王海升．论新课程背景下的人文教育［J］．宿州学院学报，2005（4）．

[19] 马海波．高中思想政治课教学加强人文教育的研究［D］．上海：华东师范大学，2006.

[20] 齐玉芬，丛立功，张杰，苏杵芬，张小梅．中学生人文素质教育的初步研究［J］．教育科学研究，2000（2）．

[21] 马红梅．让思想政治课真正成为人性养育的殿堂［J］．中学政治教学参考，2005（4）．

[22] 唐红．高中思想政治课教学中加强人文精神教育的实践探索［J］．科学咨询（教育科研），2008（7）．

[23] 漆权．创新与创新教育［M］．上海：上海教育出版社，2003.

[24] 王海斌．新课改背景下中学思想政治课教学问题与对策研究［J］．现代教育科学，2007（10）．

后　记

我于 1998 年 8 月大学毕业后，在中学从事政治课教学工作已经有 15 个年头了。如今，我国基础教育界可谓非常的不平静。此时正是国家启动新课改的时间。如果说本人参加工作前接受的 10 多年传统的中小学基础教育是为了考大学的话，那现在有些学校的教育更可谓“原汁原味”的应试教育。当然，我们要抱着实事求是的态度，辩证地分析当时的教育状况。我们不能否定原来教育体制中合理的东西，不能否定很多老师在那时进行课堂教学改革方面积累的先进经验和取得的有益成果。

通过调查研究表明，在深化教育改革、全面推进素质教育的背景下，高中阶段人文教育取得了一定的成绩，但受根深蒂固传统应试教育等教育思想观念的影响，我国高中生人文素质整体不高，与我国培养适应现代社会需要、全面发展的人的教育观还不相称。高中思想政治课教师虽然积极投身新课改，但对推行人文教育的自觉性还不强，实施人文教育的方法途径还有待继续探索。因此，在中学阶段加强人文素质教育，切实提高广大学生的人文素质和人文精神的确是一项极其重要、极其艰巨的任务。它需要引起全社会特别是全体教育工作者的关注，并作出不懈的努力。

本书中，我以教育学作为基本的理论基础，紧紧围绕当前新课改的实际，在动态研究的基础上，在课改中发现问题并反思提高。研究突出可操作性，为更好地加强人文教育找出新路。关注经济全球化和市场经济条件下的教育改革，关注知识经济和网络化背景下的高中思想政治课，关注素质教育理念下的高中思想政治教育，从新课改视角探究高中思想政治课，是本书立论的根基和出发点。

在课题研究和书稿撰写过程中，我遇到不少困难，同时也得到很多帮助。首先，我要感谢江西师范大学附属中学特级教师罗亦其老师，正是在他的悉心指导和帮助下，我才完成课题研究，撰写书稿。

我在江西师范大学攻读教育硕士学位研究生期间，老师和同学也给予我热情宝贵的帮助，他们在所在学校帮我展开了问卷调查，为我获得研究的第一手资料提供了无私的帮助。江西省的宜丰中学、宜丰二中、新余市第一中学、高安中学、高安市石脑高中、贵溪市冶炼厂中学、江西财大附中、赣州市第一中学、玉山县第二中学、兴国县平川中学、分宜中学、深圳市梅林中学等学校为我开展调查提供了很多便利和支持。许多从事教育工作的旧时同学和所有认真填写问卷、接受访谈的老师和学生为这项调查提供了可靠依据。深圳市福田区教研中心的领导和专家为本书的出版作出了不懈的努力。在此，我也向他们表示真诚的感谢！

由于时间仓促，本人研究水平和经验所限，书中有些观点和结论并不完善，甚至会有错漏之处。特别是如何在高中思想政治课中进一步加强人文教育以及提高其有效性的问题，还需要我们继续作深入研究。敬请读者朋友不吝赐教！

戴晓华

2013 年 11 月于深圳梅林